心理学统治世界 1

政治篇·领袖意志

[法] 古斯塔夫·勒庞 著
文刃 译

金城出版社
GOLD WALL PRESS

图书在版编目（CIP）数据

心理学统治世界.1，政治篇：领袖意志 /（法）勒庞著；文刃译.
—北京：金城出版社，2013.11（2020.8 重印）
ISBN 978-7-5155-0861-0

Ⅰ.①心… Ⅱ.①勒… ②文… Ⅲ.①政治心理学—通俗读物
Ⅳ.① D0-49

中国版本图书馆 CIP 数据核字（2013）第 255976 号

心理学统治世界.1，政治篇：领袖意志

作　　者　[法] 古斯塔夫·勒庞
译　　者　文　刃
责任编辑　张礼文
文案编辑　达　斯
开　　本　710 毫米 × 1000 毫米　1/16
印　　张　18
字　　数　215 千字
版　　次　2013 年 12 月第 1 版
印　　次　2020年 8 月第 2 次印刷
印　　刷　唐山富达印务有限公司
书　　号　ISBN 978-7-5155-0861-0
定　　价　49.80 元

出版发行　**金城出版社**　北京市朝阳区利泽东二路3号
邮编：100012
发 行 部　（010）84254364
编 辑 部　（010）64228516
总 编 室　（010）64228516
网　　址　http://www.jccb.com.cn
电子邮箱　jinchengchuban@163.com
法律顾问　北京市安理律师事务所（电话）18911105819

目 录
CONTENTS

第三篇
民主政府

第四篇
社会党和工团党的幻想

目 录

CONTENTS

第五篇

关于殖民政治心理的错误

第六篇

变乱的发展以及反对社会解体的斗争

政治
心理学

第一篇

本书宗旨和研究方法

第一章
政治心理

凡是这个世界上的事物，表面看起来越是普通寻常、容易明白的，想要对它们的来龙去脉做出解释就越难。从前科学技术不发达的时候，人们的认知水平有限，都满足于简单的答案；随着科学不断发展，人们的认知水平不断提高，就不得不摒弃原来那些简单的解释，在研究方法上进一步深入，以探穷求源。

研究一个国家、一个民族的社会进化过程，也不外乎这个道理。从前的历史学者已经尝试着解释了一切问题，现在看来，这些解释多半自相矛盾。这大概是因为社会现象形态各异、千差万别又千变万化，而一个民族的进化过程，其复杂性与生物的演变进化一样。如果仅仅以简单的方式来研究、解释，个人认为，这实在是不可取的。

科学技术在今天可谓飞速发展，达到了相当的高度。即便这样，众多的科学家、研究学者仍在探求生物种类的变化，以及它们之所以发生各种形式演变的规律，也仍不能得到全面合理的答案。研究社会进化也是这样，能够发现的规律非常少，可以明确表述出来的只有几种而已。所以今天的人解释社会发展的进程与规律，还不能脱离空泛概括的阶段。一群理论家只能对那些明显的规律进行详细解释，而对于那些隐秘、潜藏的因素却只能从略或者回避。这就是为什么从前的历史著作中仅有君主事迹以及相关的战争记述，却没有关于整个民族发展事件、经历的叙述。

由此可见，如果从现在科学的发展程度来看，就不能再用从前的简单方法来解答当代民族生活中所发生的各种复杂问题。这是显而易见的道理。一个民族为什么会有盛衰、兴亡、制度、宗教、语言、审美，为什么会有进化、发展和灭亡的各个阶段？是这几个因素限制约束了社会发展，还是社会的发展限制约束了这几个因素？为什么伊斯兰教能在短时间内创立起来，而其他宗教却需要若干世纪才能得到发展？为什么伊斯兰教能够脱离政治而独立，其他宗教比如景教、佛教却近似衰微？能解答这些“为什么”的理论，现在固然有很多，但我认为还不够。

从前，人们都认为是神祇在统治世界、创造历史，人的力量如此渺小，不能战胜上天；如今，无神论已经被普遍接受，人类脱离了神的束缚，在某些方面能与自然抗争。自然的力量当然常常胜过人力，但人也能在不同程度上暂时性地战胜自然。这正是所谓的进步。

仅仅达到人力战胜大自然是不够的。人类生存于社会中，需要自己管理自己，需要遵守公共规则。至于订立这些规则让人有所遵循，则是一个国家、一个民族的领袖的任务。法治由此出现。

所谓法治，就是统治、管理一个国家、一个民族的方法，而它的实质就是政治心理。这种问题从前想要解决并不容易。而现在，伴随着科学和工业的进步，新的经济需求也在不断发展；变化之快，往往让领导者们力不从心，不能根据变化及时做出相应决策；如此，想要进行总结性研究就更难。再加上各种社会学科都不能提供明确的规律、理论，这更增加了研究的难度。时代发展太过迅速，而领导者们的施政方针、政治策略和具体措施一旦错误，坏的影响远不仅止于一代，常常要让后世几代人来担负结果。所以，我们不能坐等那些误人误国的政治规则产生。情势如此紧迫，我们不能不就现在的能力所及，尽量做些研究、解释，希冀有所裨益。

说到统治人的方法，最重要的一点就是行动力，也就是政策措施的执行。什么时机行动，怎样行动，以及行动的限度是什么，集中回答这几个问题的答案，就是政治方略的全部内容。

如果能仔细地剖析一下历史上发生的那些政治错误，我们会发现，这些问题往往能归根于一点——心理错误。就像治学有一定的规律，我们必须遵循，不能随心所欲地违反逾越一样，统治者对民众的统治方法

也是如此。但想要发现这方面的规律太难了，前人对于这些规律能清楚认识、明确解析的，也少之又少。

有关政治心理这一问题，前人公开发表的言论极其稀少，只见于400年前佛罗伦萨人的著作中。

我游览过佛罗伦萨著名的圣十字教堂，那里名人之墓林立，包括米开朗琪罗、伽利略、但丁等人，他们的生平事迹都镌刻在金字墓碑上。其中有一座墓碑，碑志非常简单，只刻了“马基雅维利”的名字和“1527”这一时间，以及一句墓志铭：“任何赞美之词都不配此名。”就是这个人，为我们带来了“政治心理”这一概念。他的那本书叫作《君主论》。书的作者亲历了1502年佛罗伦萨的美第奇家族独裁统治的建立，他认为这一政体是平民共和政府和混乱政局之后的必然结果。这种观察眼光非常清晰，很有洞察力，大概是因为当时意大利的各共和国政体都是由从前的希腊、罗马共和国继承来的，这让他有着自己的现实体会。作者的观察方法注重实际，追求简便易懂，而非求最优解。我们如果想评价他的著作，万万不能用今天的眼光，先入为主。如果固执地用现在的观念、理论去评价当时的政治现象，无异于用今天的想法去评价昔日的十字军东征、宗教战争、圣巴托罗缪之夜大屠杀，显然都是不合适的。

马基雅维利著作中阐述的统治原则和规律，用在400年后的今天固然不合适，但是也没见过有谁能以新的理论和研究方法取而代之。

政治心理是政治家们必须要知道的，不可或缺的一门学问，但是因为研究这门学问并没有一定之规可以遵循，所以现实中，政治家们大多随着某一时代的政治风潮鼓噪而头脑发热，不经深入思考，就把自己平常见到的简单规律作为指南来指导行动。

这种指南本身就未必正确，所以据此采取的措施更容易导致重大错误，从而往往要付出巨大代价。比如深知法国人心理的拿破仑，却对俄国人和西班牙人的心理所知甚少，这必然导致失败。他的侄子拿破仑三世又误听误信，在克里米亚、墨西哥、意大利各战役中不断犯下重大错误，最终致使法国不得不遭受外来军事力量的入侵。

由此看来，只有卓越的心理学家才能成为卓越的统治者。德国的统一，如果没有俾斯麦这样深刻理解个体和民族心理的人，那么，仅仅依靠日耳曼军队的强悍，我认为是不能成功的。

政治心理由个体心理、群众心理、民族心理各个分支组成，我国的教育专家们都认为这种学科没什么用，因此并不把它列入学校课程。即使是专门的政治专科学校也不知道这一学科的存在，以至于所谓的政治学博士反而不知道这一政治的真正基础，真是不可思议的事情。

被今天的平庸政治家们奉为金科玉律，亦步亦趋地遵循，以此作为行动指南的，都是些陈词滥调，是老掉牙的理论。一旦有新的问题、新的情况发生，他们就不知道如何应对，毫无解决办法；因此往往不得不根据所在政党的意愿进退，以至于错误百出，局势不可收拾。

现在，不妨列举近年来的一些错误的政治现象来做一个概述。比如，国家与教会分离，教会所获得的独立性是从前最虔诚信仰宗教的君主都不敢赋予的，这正是危险的政治心理错误。与德国的教育原则——促使并保障工业、经济大举进步相比，我国的教育原则大不相同，这是政治心理的根本性错误。对殖民地实行同化政策，反而使得当地的社会经济衰退，这是一种政治心理错误。从前把流氓另编为单独的军队，现在却把良民和流氓合编在一起，流氓不会近朱者赤，良民反倒近墨者黑，这是一种政治心理错误。邮政系统人员第一次罢工，政府就采取了妥协态度，这也是一种政治心理错误。制定无数所谓的人道法律，希冀用法律条款来改造社会，以为这样民族就可以与过去的历史脱离关系，独立发展，这都是政治心理方面的错误。

我们应该知道的一点是，能决定民族行为的因素非常复杂，如自然的因素、经济的因素、历史的因素、政治的因素等，都包括在内。应该把这些因素综合起来考虑，以此确定我们的思想方向。这种综合因素虽然庞杂，但归根结底，就是政治心理因素的变化与整合，这才是根本所在。

国家之间的重大外交事件，有时候当然不能不兵戈相见，诉诸战争。但这种解决问题的方法，其实只是靠强权武力取胜，以强制弱而已，除此之外，并没有其他意义。就像此前的普鲁士与奥地利、英国与德国、日本与俄国之间的战争那样。但对于那些还没有激化的国际矛盾，如果能恰当运用心理因素，那么也可以化解矛盾，转变局势，让形势平稳下来，未必非要发动战争。当然，对于国际纠纷，解决之法，有时固然仍要如拿破仑、俾斯麦等人那样诉诸强权，但这毕竟已经成为历史。处在今天这种国家间互相缔结同盟，牵一发而动全身的时期，没有人敢置邻国于不顾，一意孤行。摩洛哥危机就是最好的例子。所以，就当代的国际政治形势来看，在这种各国势力互相制衡的情况下，政治心理因素在外交方面的地位，无疑是重大的。

当然，现在的外交活动不再像从前那样了，有政治事件发生时，民众可以通过电信、电话、报纸等传播渠道，迅速获得相关信息，这似乎对外交官们延迟公布事件经过，以便暗中秘密交涉，会有所妨碍，但也不是一点帮助都没有。近来有几种重要的国际纠纷，都是通过外交手段得以解决的，比如，俄国击沉英国渔船事件，德法之间关于卡萨布兰卡事件等。而之前俄奥之间的塞尔维亚事件，如果发生在1870年前，当我国的外交官们还不都是庸劣无能之辈的时候，战争或许就可以避免了呢。

平时发生的日常事件，也可以用政治心理来解决，难点在于，政府对民众提出的要求，应该知道什么时候拒绝反对，什么时候妥协接受。今天的政治家，或者一味退让接受，或者一味拒绝反对，没有谁能够合理利用二者。其实对于这些事情，有的需要拒绝反对，有的则可以妥协一下，接受要求，而不能偏执于一种方法。两种方法相结合，用得适当，问题可以顷刻解决；用得不合适，则会发生重大错误。如法国1788年财政空前危机、农业严重歉收的恐慌时代，贵族们如果能不抵抗纳税平等的改革措施，那么阶级矛盾也不会那么激烈，革命也许就可以避免了。

我从事探究事物发展规律方面的研究已经有10年了，并且出版了《物质进化》一书。无奈的是，这种试验性研究耗费巨大，因此我不得不返回从前研究的领域。很早以前我就发现，政治心理学方面的专门著作很少。现在，我以为已经应该有著作能提供一些原则和规律，可以用来研究现今的政治问题了。于是我咨询了朋友黎波教授，请他给我推荐一些现在出版的政治心理学书籍。结果他却回答说，现在还没有这种专著。我非常惊讶，这竟然和15年前我开始研究群众心理时没有相关专著的情况一样。

所谓的没有相关著作，并不是没有关于政治的著作。从柏拉图、亚里士多德以来，关于政治的著述其实非常多。但是这些人的作品，都是从理想出发，不考虑现实情况，不解决现实问题。所以，能为我们提供参考依据的，实在寥寥无几。

学者们既没有专门著作论述政治心理问题，学校也不设这样的科目开展教学工作，这些都足以证明当代人对这一学科的轻视。我撰写这本书，就是要明确肯定这门学科的必要性，这是本书目的之一。

构成政治心理学内容的材料，来自个人心理学、群众心理学、民族心理学以及历史教训，这些材料来源能够让人对这一学科有一个大略的了解。

在当今的情况下谈论政治问题，不外乎是使日常行为与需要相适应，无论需要合理与否。然而既然是需要，它遗留积存下来的习惯以及宗教信仰，可以说是不符合理性的。但真正的政治家绝不会采取打击的方式。只有那些不了解实际情况的理论家，那些只知道用纯粹的理论来统治世界、改变民众性格的人，才会这样持反对态度。智慧的力量固然足以让国民精神发生变化，但这是一个渐变过程，并非朝夕之间就能一蹴而就。有多少事物是忽然之间就能发生根本改变的呢?

今天，政治心理学还处在没有明确界定、解释的阶段。这一点前面已经说过了。但是我正在努力地把那些明显的规律逐步进行推理阐释。我这样做，并不是非要证明它的价值，而在于说明不认识这些规律的危险后果。这是本书的又一目的。

我在前面所主张的各个原则，如果要详细探究、解释，就不是这本书的范围所能包括的了，读者可以参考之前的各种专著。

本书仅限于用政治心理学的规律对最近发生的时事做出分析解释，虽然涉及的时间线并不长，但有时我仍然不能详细阐述自己的观点，比如研究政治心理在民族发展史中对于信仰构成的影响力，以及战争中的因果关系等问题。如果想要完全详尽地发挥阐释，非要几本书才能说清楚。

以下几本书供参考:《民族进化的心理学规律》《社会主义心理学》《教育心理学》《群众心理学》《东方古文明》《阿拉伯文明》《意见及信仰》《法国革命及革命心理》《印度文明》《真理的生活》。

本书有一章专门论述怂恿这一要素，具体深入地论述了“重复”的

有效性。也正因为重复的有效性，我不惜一再地重复阐释。所以各本书的措辞有很多相同，存在重复之处；可即便是这样，我还是觉得遗憾呢，因为还没有把重复的作用阐述到极致。拿破仑常说：“重复是修辞学的主要语法。”我现在不妨换一个表达方式：“重复是确立主张的主要要素。”

各个大政治家之所以对自己手中的权力充满自信，是因为用了“重复”这一方法让民众相信了他们。德国皇帝能够让民众为制造舰队做出必要的牺牲，也是用了这个方法。美国的前总统罗斯福说：“终极真理常因为不断重复阐释而让人觉得累赘，可即便如此，还是应该不断地对真理进行重复阐释。”这真是说到点子上了。

那些人人皆知的真理，当然可以反复地进行宣传；而那些还不为人知的真理，就更加需要反复宣传了。关于这一点，我已经屡次试过。从前布道者能够让人们的观念、信仰有所改变，也是用这种方法。

我们所说的“确信”，与书中所说的有差异。理性的推理、研究固然有益于学术上的证明过程，但却不能成为我们的信仰要素。某种意志能让人们顺从接受，不是因为它正确，实际上是因为对它的不断重复阐释以及重复阐释所产生的潜移默化的影响这两者。

第二章
经济需要和政治理论

对一件事情的描述，贵在真实可信而不是虚假和夸张，所以，如果用凭空想象出来的事物去打比方，那么留给人的印象、对人的感染力都微乎其微；但如果换用现实中发生过的事情来比喻，那么感人的程度就会大大加深了。比如对那些经历过战争的人叙述战争，和那些经历过海难的人谈论海难，对方的兴趣必定很浓厚。如果我们再进一步，用现实中的事件和过去的情况对比研究，结果也是一样明显的。

我曾经乘车游览比利时的于伊市，经过桥上时，天气不好，大雾迷蒙，车子没法开动，迫不得已，只好暂时停下来等待。没过多久，云开雾散，阳光刹那间穿透云雾射进来，我突然发现两岸是两个对比鲜明的世界。左岸，巨大的城堡和壮观的大教堂巍峨地挺立着，古老的建筑鳞次栉比；右边，则分布着工业化的大工场，围墙整齐划一，不带什么装饰性的色彩图案，大烟囱不停地喷吐着烟雾。不一会儿，到了下班时间，街上一下子热闹起来，满脸汗水，手上皮肤皲裂的工人络绎不绝，喧哗声清晰可闻。这真是两个不同的世界，代表着两种文明。左边代表着过去的文化，这种文化已经逝去，但仍在无形中影响着我们；右边代表着现在的文化，我们可以跟随着它进入不可预知的未来世界。

新旧两种世界互相敌视对立的情况，无时无刻不存在着。在从前的社会情况下，还能有一个共同的信仰对此进行调和，如今却连这个能调和感情的基础因素都没有了，致使贫富两个阶级互相仇视，愈演愈烈，不可收拾。今天的劳动者们已经脱离了与过去社会的关联和信仰基础，总是表现出攻击和迫使他人服从的态度。而一群立法者又多半听从他们的说法，像奴隶服从主人一样。依此发展，不在将来造成一种空前的群众专制是不肯罢休了。

我们所说的政治生活，其实就是让人类自身的情感与生活的环境相适应。但人类的性格发生改变是很慢的，而环境却会因为科学技术以及工业化进程的飞速发展而快速变化，所以，处在今天的情况下，想要追求“适应”并不容易。这可能就是为什么人们都觉得有一种抑郁的趋势。所以，想要调和人类与周围经济环境所造成的压迫感之间的矛盾，正是难题之一。

如果就思想和生活方式这两方面来辨析，新旧世界之间的确差距悬殊。今天统治着我们的新的思想核心，是我们自身需要的发展结果，并不是经过理性思考后，随着我们的愿望以及伦理道德、知识所产生的。因此就竞争和互相敌对等方面而言，新社会与旧时代并没有本质差别；但如果就时代发展中，民族进步这一主要因素比较，则新旧时代大不相同。现在就这一点详细说明。

我们现在所处的时代有两个特征，一个是经济要素代替了昔日的君主权威和法律；另一个是今天各个民族间利益交错的复杂情形，与昔日小国寡民、互不联系的情况完全不一样了。

其中，第二个特征出现的时间晚，但却非常重要。从前各个民族之间没有贸易交流可言，而今天，国家民族间贸易日益发达，这让大家不可能再彼此孤立。假如让英国现在起闭关锁国，取消对外贸易，不再进口粮食，那么饥荒的出现是指日可待了。

各个民族的生存条件已经有了巨大差别，工商活动的变化又足以改变国民生活的状况，所以贫富之间的界限愈加明显。至于政府的力量，从前固然重大，现在却出现了随工商活动潮流发生转移的趋势。因此可以说，在今天，经济力量才是真正的主人，它左右着人民的意志，蓬勃发展，不可抗拒。

放在60年前，一国的君主还敢自作主张，决定国内的自由贸易，而现在，权力再大的人，也没有谁敢这样行事。那些保护贸易的政策，曾经遭到多数经济学者的非议和反驳，但最终因为它能够与当下的民情民意相符合，于是现在也没有人敢反对了。

1910年3月11日，上议院开会的那一天，经济学家梅林指出，在英国，50年间，小麦产量减少了一半；这种经济状况，是被自由贸易政策损害的。再看法国，1893年前，法国的物资缺口高达6.95亿法郎，一经采用贸易保护政策之后，不但迅速填补了需求差额，还获得了500万法郎的财政盈余。这之前，法国粮食是依赖进口的，现在却可以出口了。梅林是著名的经济学家。推测他的想法，似乎是认为来自农民的这 7 亿法郎的收入，全是他所提倡的贸易保护政策的功劳。这一想法的对错暂且不说，我们可以断言的是，自从有人类社会以来，没见过像他这样倡导、提出一部法律的。其实，农产品产值的增加，是因为农业状况面临窘境之后，穷则思变，迅速借助了近年来蓬勃发展的科技进步成果才取得成功的。

仔细想想，英国在农业方面不能有同样的进步，跟自由贸易政策阻碍他们与外国竞争无关，实际上是因为英国的工业制造业发达，其产出利润巨大，用工业产品的销售额来购买粮食绰绰有余，所以农业的发展并不那么迫切。

贸易保护政策的利与弊，跟我现在的研究无关。在当前的政治情况下，也不是非要找到完美的制度，关键在于能找到一个与我们的社会现状接近的，并且适宜采用的，有可操作性的制度。处在今天的环境中，无论哪一种专制制度和强权的统治者，都不可能再强迫人民接受他们不愿接受的自由贸易政策或者贸易保护政策。这一点我在前面已经说过了。如果人民认识不清，自欺欺人，那么受害的只能是自己。出现这种情况时，很少有能挽救的。偶尔有英雄人物适应时代潮流，借助时势推动，或许可以力挽狂澜，然而这种情况少之又少。

根据上面这些论述可见，现在推动民族进步的主要因素与之前相比，已经截然不同了。可以再进一步推论的是，对于民族进化而言，政治学说、理论的影响力和作用会越来越小。而科学技术、工业的发展和国际关系的制衡变化则是潜在但作用重大的因素，是所有国家、民族以及他们的统治者都应当接受和服从的。

今天，我们的需要有两种，一个是与民族的日常生活紧密结合的经济要素，人们只能顺从接受它，而不能逃避。这是天然的需要。另一个则是人为的需要，是由政治理论家们尝试倡导产生的。现在我们就研究这种需要。

生物体是不能一下子有本质改变的。有时候，有些动物、植物虽然会稍微变化一下外在形态，但这种变化是不能持久的。那些生物学家虽然有实验室，有各种设备，但是我们也没见过他们能突然改变哪种生物的本质。

既然生物体的本质不能用人力来突然改变，那么社会的性质可以靠制度来改变吗？综观百年来的政治学说，多数都认为社会是可以因为不同制度而发生改变的。这是革命家的观点，尤其是我们大革命时期所提出的那些主张，最为激烈尖锐。这也就是今天的社会政党理论。提出这些主张的人都认定可以用纯粹的理论来计划和建设社会。

这种理论如果用生物学、心理学以及历史等各门学科来辅助证明，多半是不能与所期待的结果相符的。它能够用科学来证明和表述的部分仅仅在于，我们对于社会的行为能力是有限的。想要对社会进行深远的改造，只能借助时间的力量，经过时间验证，才能取得成功。制度，是一种精神的外在表现形式。这种表现形式只能来适应内容，而不能创造和规范内容。所以，这个国家的制度可能最完美，最先进，但如果移植给那个国家，则有可能是最恶劣的，阻碍其发展的。这大概是因为，制度是政治发展进化的归纳和总结，而不是政治发展进化的前提和开端。

当然，一种制度形式以及人类本身的力量对于政治时势来说，也不是完全没有作用和影响。这种影响力和起作用的情况，在历史中也常能见到，但并不会像历史所描述的那么夸张。要知道，那些政治手段和个人行为能够见成效，是因为能够经得起时间的验证。而如果一个措施，一个人的行为不适合当时情况，就会变成破坏力量，像侵略者一样。

不过即使这样，信仰、制度和法律可以改造民族精神这一理论学说也已经成为定论，我们虽然屡次攻击驳斥，还是没能打破它。

如今，拉丁民族还不能明白这种观点的弊端，当然，他们也因为抱有这种幻想而遭受了巨大的损失，他们经历了历史上绝无仅有的流血最多的革命，经历了数百万人的暴死，经历了殖民地经济的衰落倒退，也经历了社会政党威胁到社会进步的情况。

对殖民地的统治决不能适用于这种说法，因为我们常用它，以至于现在殖民地的民众怨恨情绪严重，并且发生叛乱。像近日各个报纸所刊载的消息，在法国的殖民地科特迪瓦，因为一位总督给当地行政长官发的通告不得体，而导致地方发生了暴动，军官被杀；甚至要本国派出军队来镇压，消耗了大量财政经费。这是最显著的一个例子了。而如果英国人、荷兰人用这种方法来统治他们的殖民地，这些殖民地恐怕早就被当地人民群起反抗，消失殆尽了，哪还用等到今天。现在不妨节录这个通告，以证明一种民族精神不会因为法令强制而发生变更。

通告大意说："应该强迫我们的臣民，使他们达到这样的进化……要对他们中不服从的人进行诱导。政府应当强制执行。……应该让黑人改变心理状态，使得他们能领会、理解我们的意图。……不用顾及土著人的愿望和想法，应该强制执行措施以达到目的。……不要畏惧将来的利害关系。事情一定要这样做，等等。"这就是通告的内容。其实如果想要达到我们的目的，则我们需要改变的，不是黑人的心理状态，而是当地政府中行政官吏的心理状态。可惜的是，在现在的法国，相信制度、信仰可以改变民族心理的说法还是牢不可破的，而且各个党派都接受这一论调，即使最顽固的保守党也是这样。

今天，心理学已经非常发达，我们因此得以知道，理性虽然是一切政府管理民众时所依靠的工具，但它在社会组织中的作用还是非常薄弱的。

我之前在另一本著作中已经表示过，理论是有不同种类的，不能仅仅像旧的哲学课上那样，认为能用一种理论来分析研究问题。因为此外还有很多种理论，尤其以神秘理论和情感理论最为重要。而且仅就这三种理论而言，已经各有对错，不能混为一谈。

用出于纯粹理性思考推导出的理论来组织建构一切知识体系，这是科学产生的源头。而把神秘理论和情感理论结合在一起来建构信仰体系，这是民族和个体行为的向导。理性理论的作用体现在自觉的范围中；神秘的和情感的理论的作用，则体现在潜意识的范围中。

就所能见到的情况来说，任何社会都受到神秘理论和情感理论的统治，而非纯粹理性思考推导出来的理论的影响，后者不能改变社会尤其明显。可惜的是，一般思想简单的改革家还寄希望于在理性之中建设理想制度，这真是愚蠢的想法！现在的英国政治家大多明白这个道理，因此某位内阁成员最近在议会中论及英国宪法的优良时指出，它的优点就在于，它有很多是不迎合所谓的理想理论的。的确，英国宪法的优势诚如某位所说，再看法国宪法，自从大革命以来的百余年间，法国的宪法版本甚多，收效却甚微。可以说，这是因为非得要找一个合乎纯粹理性的完美理论，以至于程度太过造成的。

这个深刻内涵不是那些拉丁种族所能领悟理解的，但我们却能由此推导出一切构成民族发展的重要线索。

像宗教、政府、政治行为这些都是不从理性出发的。只有知道运用情感因素来影响群众的人，才能成为真正的政治家。他们发表的演说，表面上似乎符合理论逻辑，但实际上起作用的却是诱导。群众之所以能感动，产生共鸣，是因为由那些字句以及字句组合之后产生的情感因素。而所谓的理性、逻辑的作用，充其量不过是表现形式而已。

有学者认为，说理性理论不能统治国民，引导人们产生信仰，这与大革命的事实似乎不相符。因为 1789 年的大革命，就是在由理性思考产生的理论学说的基础上发生的。主张这种观点的人，以卢梭最为著名，也最有影响力。卢梭认为人类处于自然状态时最快乐，而人之所以感觉困苦烦恼，正是恶劣的制度所造成的。今天的当务之急，在于“等贵贱，均贫富”，消灭贫富差距，把主权赋予全体人民；改良社会的办法，只有建立新制度这一个途径。对这一观点，卢梭的弟子们继承发扬并且身体力行。对那些反对派，比如，国王、贵族、教育者，都不惜使用强硬的办法镇压。这正是罗伯斯庇尔、圣茹斯特等雅各宾派党人执政时候的政策。再参考大革命时期的社会情况，也似乎与理性不能影响社会的说法相抵触，尤其与我的观点矛盾。因为我曾经说过，不同时代的民众都被各自的一种当时还很小众的观念统治，这种观念形成的时间很缓慢，等到变为情感因素，渗透进民众生活之中后，才开始发生作用。这个说法无异于证实了我的自相矛盾。但这种反证法“似是而非”，表象虽然看似矛盾，实际上也不尽然。现在来看革命时代的人民要求，如果根据1789年的《请愿书》来考察，当时人民的意愿在于废止封建特权，订立固定法律，主张公平判罚，要求法律裁判的一致性、平等性，而没想过要废止封建王朝。这足以证明革命的发动并不出自卢梭的学说。他的学说要等到三年之后才大行其道。并且我们应该知道的是，卢梭的学说看似是一种创新的理论，其实内核却是陈旧的。他的学说足以影响民众情绪，是另有原因的。从前，民众承认王权，接受不平等地位，是因为天然的需要。因为一个国家存在的大前提是不能破坏的。等到一旦有人明确提出统治者的威望不足以令人畏惧，人民才是真正的主人，应该用人民的专制代替君主专制；财产的不均是不应该被公共道德容许的，应该把财富平均分配给人民，那么人民的嗜好欲望自然会被鼓动起来，自然乐于跟从这样一种破坏君权的说法。如果现今的政府借助最著名的哲学家的声望，订立出杀人、劫夺财产的法律，民众也会欢欣鼓舞、钦佩跟从的。无论什么时代，社会都是一样。当然，这种做法不能持久，因为它对于社会来说，只能破坏而不能建设。几年之后，社会破败混乱的现状必定会让民众幡然悔悟，于是他们期待、寻觅一位刚决果敢，有决断力的，可以平定混乱局面的独裁者，然后拥戴他，服从他。这是屡见不鲜的情况。由此可以看出，纯粹理性能够改造社会这一理论，只是障眼法，是用来扰乱社会，而不是用来改造社会的。那么，法国大革命的事实对我的理论主张又有什么威胁呢？

今天，民众总是对政府的政治措施产生种种幻想，寄托希望；其实，政府的权力实施，不足以做好事，做坏事却有余。破坏社会极容易，建设社会却很难。所以现在，我们不能仅仅防备严酷的经济需要，更应该警惕那些统治者因为盲目立法而危害社会的情况。对这个问题，后面的章节会另有说明，现在仅就近年来的恶劣立法案例大略论述一下。比如所谓的社会法，不但不能让任何个人得到好处，反而足够阻碍工业的发展；比如关于年轻人学习技艺的法律，影响力大到足以把学徒们从工厂驱逐出去，让他们无处可去，把他们中的大部分人变成强盗、杀人犯之类的人。现在未成年人犯罪的情况异常多，足以证明这一点；再比如抑制宗教，结果恰恰是把法国民众分为两个互相仇视的部分，社会怎能不动荡；又比如关税法，正足以煽动其他国家的报复之心，一定要达到让法国断绝国际商务往来才肯罢休。如此种种法律，都是人为制造的祸患。再加上自然灾害，我们的负担可真不能说轻啊。

我的本意不在于反对纯粹理性的理论，只是想要指出，那些理性理论不能改变的现象，就不能期待用理性理论去改变。总之，纯粹理性的逻辑的推导和理论，只适用于科学研究及一切客观知识的探究，只有情感和信仰因素才能统治人民，创造历史。

第三章
政治心理的研究方法

想要研究政治心理，先要观察政治现象的实际情况，接着可以就事实进行分析解释，然后再就此推理和阐释背后的规律。这一过程，与其他的科学研究工作的程序是一样的。

在政治生活中观察事实、现象很容易，但解释这些事实、现象就很难了。所谓解释，就是揭示内在的原因，并预测它的结果。我国的革命力量在1870年的失败，是尽人皆知的事实。但是革命为什么会失败？应该用什么样的改革方法才能让他们免于再败？研究到这里，困难就出现了。就20年来的军事规程和专门著作来做考察，其中有各种观点，众说纷纭，所以想要解释政治现象的规律，困难是显而易见的。

当中尤其增加难度的地方在于，政治现象层出不穷，形态万千，我们所能观察到的，仅仅是它的某一部分，某一细节，而并非是现象、事实的整体和全部。观察的过程如果发生错误，那么看到的现象、事实就会有偏差、谬误，又何谈正确的分析和解释呢？

这种研究仅凭直觉是不足取的，必须采用严肃而有系统的，经得起推敲的研究方法，如博物学上所用的方法，这样才能谈得上是研究。

心理学家研究社会现象，应该像博物学家一样，把各种不同的现象综合起来考量，并且要能够在具有迷惑性的表象之下，探求它们潜在的实际情形，就像博物学家把鲸鱼列入哺乳动物一样。如果我们仅仅根据它们的外表来观察，显然鲸鱼与鲨鱼相似，和松鼠不同，而博物学家的观察则恰恰相反。可惜在政治生活中，我们能够接触、感受到的，常常是表面情况，是表象，而非现象内部隐藏的潜在关系。

由此可见，研究政治心理的第一个困难，在于发现一种事实、现象产生发展的近因和远因。而这所谓的“远”也有几种情况，我们不能偏执于其中的一个，误以为只有一种远因。现在就以社会发展理论为例，来证明研究的复杂和困难。

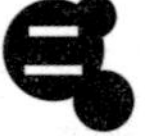

社会发展理论的重要原因是希望二字：民众希望改良社会现状，改变自己的现实命运，创造幸福的未来。仅就这一种原因来说，这一理论就已经具有相当大的力量了。然而仅仅这一种原因，并不足以完全地解释社会发展理论。因为改良社会制度，改变社会现状的美好愿望，人类无时无刻不存在着，这种现象并不是和社会发展理论同时发生的。

从前人们希望社会制度得到改良，生活状态得以改变的心态，固然不像今天这样迫切，那是因为彼时民众尚有稳定的信仰，在精神世界里有可以自行宽慰的空间；而现在，人们的信仰如此薄弱，只能在现实世界中寻求幸福，寄托希望。可是面对如此残败的现实，人们又能产生什么快乐，借以宽慰自己呢？又有什么可值得希望的呢？所以，社会发展理论的产生，似乎另有其他原因。根据近代心理学家的研究，人类的宗教情感很难消灭，他们常常自觉或不自觉地怀有必须“信仰一种什么”的想法。所以说，现在所谓的社会理论，既然表示要取代旧的宗教，那么传播社会理论的人，只不过是换了个名字的布道者而已。

前面说到的心理原因，是社会发展中各个民族所具有的共同性质，不过即便如此，各地的社会发展理论还是有不同的形式，需要另外加以解释。

各个国家的不同之处，首先在于种族的差异，因此政治主张上也各有不同。从这一方面来探讨社会发展理论，所谓的社会民主政治，实在是各个民族在表达不同意愿的时候共同采用的一种概念。例如，把美国人与拉丁人比较，美国人自我意识强烈，往往凭借自己的能力，自主进行社会政治的改革、进化；而拉丁人则习惯服从，时常觉得需要依靠别人，需要受主人的保护。这两种民族在社会发展理论中也自然应该有所区别。

除了一个种族自然形成的性格、性情有不同，还有过去所经历的不同历史因素。数百年来，实行中央集权制度的民族、民众在社会生活、经济生活、宗教生活方面受国家干预已经成为一种习惯，这与那些国民政治生活历史短暂、受过去的影响很小的民族，自然不可同日而语。

今天，中央集权的集体主义制度，在拉丁民族中已经实行很久了，跟从前君主时代所推行的政策，名字虽然不同，但实质上是一样的。所以拉丁民族采用这种所谓的社会民主政治理论非常容易。

今天的国家政权，既然被公认为是一种保护性的“宗教”性质的存在，各个政党、各个阶级便都致力于寻求它的干涉和保护。刚开始，热衷于这种行为的是工业家，他们请求国家用关税奖金、补助费等措施，让自己富裕起来。这些人当然因此变得富有了，而竞争的机制却也因此而消亡。社会经济自主发展的动力也随之弱化，萎靡不振。总而言之，社会进步的力量因此停止。

等到劳动界的人数增多，劳动者势力逐渐强大，劳动阶级随之崛起，便也跟着致力于寻求得到同样的保护。他们要求国家政权反对自己的资本家主人，于是国家为了满足他们的要求，只好走上靠专制制度掠夺财富的途径。如关于工人养老金的规定，回收铁道，扩充专利，征收重税等。这样发展下去，必定会极大地破坏、损害大工业发展的现状，经济怎么会不受影响？人民又怎么会不穷困潦倒？阶级地位又怎么会平等？

前面列举出的社会发展理论的产生原因还不是很完备，应该再来考察、探究一下这个学说能在群众之中传播的原因。如此空泛、不切实际的论调，缘何会有如此之大的势力？这是因为在群众心理之中存在着这方面的需要。社会发展理论不仅仅在没有知识的人中间传播，即便在诸如教师、中产阶级这样的人群中，也大有人在。他们因为感觉能从这一学说中得到满足，能够把握自己的命运，因此也奉行它。这就又需要深入探究其他方面的心理原因了。其中最重要的是被精神濡染。

在研究一种社会现象时，会发现它产生的原因非常多，就像前面所论述的那样；而其中包含的各种力量，强弱也各有不同。那么怎样评判、确认它们的分量、价值呢？方法有两个，其中之一非常简单，就是人们习惯使用的方法。

普通人以为凡是出现一种现象，都只有一个原因。原因既然简单，解决问题的方法自然更容易。比如某个地方的工人对自己的命运表现出不满，提出改变现状的诉求，那么政府就可以订立所得税法来抑制富人，接济穷人，以此来改变现状。再比如，一个国家中人口停止增长，就对子女太少的公民征收重税，以此来达到促进生育，提高人口增长速度的目的。那些心理简单的政治家，他们的思维方式都接近于这种状态。

另一个方法则较为复杂，是观察者采用的方法。这一种方法大概从政治心理的教训中得来。一种社会现象产生的原因很多，有远因，有近因。我们应该先鉴别分析它的种类，然后再来评价它的价值，判定它的重要性。这是物理学家对于一种现象常采用的方法。所以物理学者做起来很容易，而政治家做起来就很难。为什么呢？因为物理学家有经验可循，而政治家所能凭借的只有观察。社会生活中并非没有经验，只是这种经验的产生，既不能由我们自己的意志决定，我们也不能随心所欲地使它们再次发生。

评定一种原因的价值和重要性，有时也很平常，很容易。比如，无论何时，无论什么种族，这种原因的产生都是一致的，而其他原因也是固定不变的。这种评定方法只能在寻常的简单的事实现象上用到，而所得的结果也没有多大帮助。例如政治混乱之后必然出现军阀专制，弱势民族必然被强势民族征服之类。

至于鉴别原因种类的方法，我们应当知道的是，每一种社会现象都有两种原因，一个是永久性的，一个是暂时性的。第一种原因对于各种社会现象永远都有关系，比如种族遗传特性，以及过去长久以来所形成的固定的宗教、政治、社会情感等因素。第二种原因则因为时常变更而不固定，但是不能代替第一种原因。综观历史，一个民族改变他们的信仰和审美方式的情况是有过的，但遗传性不久就会再次表现出来，使得民众改变之前经过激烈革命所采用的社会形式，重新回到原来的状态。

种族在过去的历史中，长时间形成的隐性力量，因为不容易被发现，所以人们都忽略了它。其实在民族进化中，这种力量影响很大，是我们研究社会发展时必须要注意的。比如法国的政治生活变动非常大，但始终遵循两个原则，也就是：相信国家政权有改造社会的权力和能力，相信法律有绝对的权威。这两者是国家集权主义发达、社会民主理论得以扩张的根源。关于这点，后面还有相关论述。

据此来看，想要研究一个民族的社会政治现象，应当先知道这个民族的特性及其历史发展过程。民族性的研究并没有多困难，因为一个民族的重要特性并不多。比如美国人的民族性是刚毅、自信、乐观，需要公平、道义，有个人的自由习惯，能用自动自觉的行为代替政府干涉。研究其他民族，可能需要先研究他们的政府。美国则不然，观察美国人的民族性，应当在政府之外，观察个人的行为方式。一个国家的人民性格如此，其发展前途是可以预见的。再看美洲那些可悲的拉丁共和国，每天都处在混乱动荡的局势之中，但也可以找出少数几个重要的民族特性来研究。

研究社会政治现象，既然有重要原因可寻，那么解决政治心理问题自然比较方便容易了。但是那种暂时性的原因很多，有时也会增添研究的困难。不过即使这样，也还是有踪迹可循的。每个时代中，除了永久性的原因，还有一种少数原则能够规范、约束当时民众的思想行为，比如第二帝国的政策是以国民主义为指南；今天的社会民主政策，以在国家政权的监护下追求社会地位的平等这一主要观念为依归。由此不难按图索骥。

一种社会现象已经有很多种原因了，而每种原因又在重要性上有所区别。政治心理的作用，就在于评定这些原因的重要性和价值，找出其中主要的原因，去掉其他次要的、附属性的原因。因此，在研究社会现象时做减法，去除附属因素的困难，政治学科与科学研究大概是相同的。

今天科学进步的程度，已经能够认识到，每种现象产生的原因都是多种多样的，但对于原因的解释，却都偏向于简单的方式，这是由于观察方法上的不足。比如在秤盘里放置一个物体来称重，对这个物体产生作用的因素不仅是地球，还有其他很多种力量，只是这些力量相较于我们所处的星球来说很小，因此我们可以忽略不计。所以，对于一个现象产生的原因，博学者只注意探求其中的重要因素，而忽略次要因素。开普勒定律得以成立，就是因为他忽略了影响行星运行的次要的、微小的力量。

真正的政治家的所作所为也是这样的，抓住主要因素，不纠缠次要因素。不过同时必须要知道的是，某一个原因在某一时刻固然不重要，在其他时间或许就变成重要因素。物理学家们都认为马里奥特准则是正确的。但要知道这一准则之所以正确，也是因为它忽略了其他次要因素。如果气体在弱点附近，那么忽略的那些因素就会变成重要原因，马里奥特准则就变得不再正确了。

对从前的学者来说，规律绝对性的观念根深蒂固，他们都认为规律是固定不变的。而今天，这种观念正在逐渐消亡。关于政治心理的规律，我们更不敢说它比物质的物理性规律更固定。因为这种规律常被不可预知的因素干扰，有时一个常见的因素会被猝然发生的舆论潮流淹没。如果政治家能洞见这其中的诀窍，就可以制造这种潮流，至少可以引导这种潮流为己所用。俾斯麦之所以能在 1870 年普法战争中大获全胜，就是这个原因。

这种猝然出现并且形成浪潮的舆论，具有一种无形的力量，而且有时是无法抵挡的。因此，拿破仑说："议论家们都认为是现实情况在引导公众的言论和情绪，在这方面我从来没有自主过，我常常是被时势挟制的。"

这种民主运动的不稳定性和它对社会进程的作用，历史中并不缺乏例证。就拿百年来的帝国来说，英雄豪杰的伟业，王国的复辟，浪漫主义的盛行，第二帝国的建立，布朗热事件，都是明显的例子。其实马基雅维利所称的君主，现在可以改称为群众。因为他们有庞大的势力，社会的一切意志都趋向于同一方向。只是这种趋势不能持久。这也是政治家所应该知道的。

一个时代的民众情绪、社会潮流，往往是当时的人们难以深刻领会的。就像革命最开始阶段，没有人能预料到将来会出现专政的恐怖情形。就像有谚语说，船要沉了，船客互相祝贺。德让利斯夫人是奥尔良亲王世系的后人，她曾目睹了攻陷巴士底狱的情形。当时的贵族都对政治运动表示同情，就像今天中产阶级盲目地对第一次邮政系统员工罢工表示同情一样，但没有人知道各种心理现象是互相联系，互为因果的。累积越多，发生变化就越快。这种情况，古往今来如出一辙。

在今天这样复杂的环境下，足可以想见执政者想要谨慎治理国家有多难。而尤其难的地方在于，统治者心理与民众心理之间互不相同，在各种想法和行为上都有隔阂，于是彼此之间无法理解。

只有处于同类之中，才能知道同类的心理。如劳动者联合会这种引导民众情绪的机构，能让人服从的原因就在这里。至于那些大道理和完美动听的人道主义学说，他们都知道群众不熟悉也不明白，所以也就不怎么担心他们会追根究底。而群众只知道服从那些由意思简单情绪激烈的言论所形成的所谓信仰，以及有声望的人或是委员会的命令，其他的都不想知道。

这些能引导民众的人，心理活动固然极其简单，容易理解，但因为恰好能符合心理同样简单的民众心理，所以才能轻易地驱使他们，使他们唯命是从。政客所犯的错误，这些人也常常能洞悉。因此他们的教化言论，对于统治者非常有益。常常想起政府对于罢工的邮政员工表示退让时，一位劳动团体领袖所说的话："让邮政员工知道了他们并没有意识到的、自己的潜在力量，这是铸成不可饶恕的大错了。"

把远因、近因、永久性因素、暂时性因素等各方面因素综合在一起，就成立了一个社会发展公式。一个国家、一个民族的前途，由这个公式能否精确地确定来决定。这个公式往往由天然法则所决定，但也需要立法者不肆意破坏扰乱才行。

一种社会现象形成的原因非常复杂，已经如前所述。而其中最活跃的因素又往往是隐藏潜伏起来，不可见的。这各种因素结合起来，形成左右民族命运的力量，而民众常常是一味顺从接受这力量，由它来指挥。在这种意义上说，民众就像是傀儡，线动了他们才动，自己不能自由行动。

尽管这种势力非常强大，民众也不应该一味地顺从接受。先民如果只知道听从这种力量左右，受它挟制，怎么能够脱离蛮荒愚昧的时代而跻身于文明社会呢?！这说明，人本身也会有一定方法对客观规律产生反作用力。这种方法，本书篇末另有阐述。

简要来说，不外乎预测与预防二者。预测的作用非常大，而预防的价值尤其不可估量。怎样才能预防，后面另有探讨。

第二篇

政治生活的心理原因

第一章
法律本源和立法幻想

许多政治事件和现象，都是被一种少数性原则催生出来的。这种原则浸染、影响民众的心理，比如对法律权威至上性的信仰，就是其中最明显的一种活动。

法国人自称要与宗教信仰脱离关系，不信奉神祇，鄙视、嘲笑迷信行为，不相信梦境预兆以及“13”这个神秘数字的人非常多。但想要找一个对宪法条款或法律权力稍微有点怀疑的人，可就难上加难了。他们都深信法律条文能够随心所欲地改造一个国家、一个民族的社会状况。也就是说，如果运用法律手段，一切改革措施和目的都可以实现。限制富有阶级，救济穷人；社会有自由空间，可以持续、无限地发展；普及福利，保证人民得到幸福，这些都是可以通过筹划、建设而实现的。

这种法律万能又神圣的教条论调，是今天的理论家所崇拜的唯一理论。如果政党的意愿、施政方向可以用概念来定义，我们敢说法国只有一个政党，因为各个政党都具有用法令改造社会、要求国家干涉民众社会生活的意愿。当看见一个法国人时，我们或许不知道他是教会党，还是非教会党，但我们能够确定的是，他是“国家党”。

法律万能的说法，在我们这一代人的历史中，影响力一直都存在。革命时代的人，深信建立一种制度就可以改造社会，以至于把理性奉为神圣之物，进而用它的名义来颁布法律。

对于宗教信仰发生变化的民族来说，民众希望用法律来拯救苦难现状的意愿应当非常急切，大概是因为，既然没能在理想世界中得到神灵的回应，那么只能转而寻求现实中那些宣扬法律万能的人的神通。在民意胁迫下通过表决而颁布的法律，虽然不见得完全有效，但还具有一定的宗教性的凝聚力量；法典中那些简单的命令性的规定，也还能显示出略带神秘感的威信；而它真正的作用，不在于颁布者的统治心理，而在于受统治者的服从心态。

这种观念在拉丁民族中最为盛行，也导致了历史上最不幸的错误发生。为了维护这一观念，亿万民众失去生命，繁荣城市变为废墟，强大帝国陷入衰微之中。

幸好已经有少数哲学家提出并且辨析了它的荒谬，我也曾试着在《各民族进化的心理学规律》一书中指出它的错误，可惜收效甚微。大概是因为普通民众的直观印象、感想很容易发生改变，只知道听从那些过激党派的谄媚、颂扬的论调。一本书能起到什么作用呢？！

但即使这样也不要放弃，因为一种真理是不惧怕被反复阐释的。将来或许可以找到能萌芽生长的土壤，我们不应懈怠。

三

颁布法律的人深信法律万能，却不明白社会痛苦的根源所在，以为法律可以拯救人们的痛苦，于是表决通过无数条可能随时失效的法律；颁布之后，又对法律不能起到作用表示愤怒；然后再重新制定法律，期待它一定要得以实施，一定要见效。要么质问内阁成员，要么任命委员监督执行，总之不断干涉行政长官的事务。今天的议会制度，与从前的例行的国民会议没有多少差别。其实，拉丁民族脱离专制不久，就恢复了专制制度，是以群众专制代替了个人专制而已。

我国历史中受法律之害的情况举不胜举。比如 1848 年订立了众多有关工作的法律，创设了工厂，都以为这就是最好的制度了。没想到在立法者的意志之上，其实更有经济需要的存在。受经济因素的制约，工厂不得不倒闭，并由此引发了革命和恐怖的杀戮。最后的结果，则是帝国的复辟，直到普法战争中色当之败，外国势力入侵。

法律实施后的结果与最初颁布时的目的背道而驰的情况也非常多。像航业奖金法，原本是为了鼓励航运业从业者的，结果却使得商船航运业变得衰微。把我们本国的社会制度用在被征服的殖民地民族那里，原本是为了发展当地的社会文明，结果却使得殖民地经济变得落后。更有甚者，立法者不顾公正、道义，在受到民意压迫后，就订立最暴烈的法律。比如，订立教会分离法，谋夺教会的巨额财产等。

我们的社会还能维持下来，是依靠了那些不容易实施的法律的存在。因为每次制定一个法律，就会连带着增加无数官吏。有时候因为增加的人数过多，法律变得无法实际操作。像《劳动法》中规定要增加 50 万视察员，人数巨大，成为实行《劳动法》的障碍。法律由此不能推行。这其实是工厂的大幸。如果真的实行这个法律，众多官吏干涉工厂事务，那么工业的衰微是可以预见的事情了。

还有一种情况，国家因为触犯某种法律的人数太多，有时候不得不放弃实行这种法律。大概是因为，少数人触犯了法律可以定罪，而如果大多数人都违反了这一法律，那么从前的罪行现在就变成权利了。这样的法律也很多，比如，反对投机活动、限制无限公司以及由经济发展所引发的种种契约法等，本来都已经成文了。对于这种法律失效的情况，我们如果研究法律的真正本源，不难明白其中的原因。

总之，像这样的法律，不如停止和废弃。当然，法律也不完全是有害社会发展的，有时候也不乏有益的法律。但这种法律的好处，是由一定的经济、社会需要所决定的，与立法者的主观意志无关。我们想要知道在什么情况下应该立法，什么情况下不应该立法，只能根据法律的本源来求得答案。

我们尤其应该知道的是，一个民族不能采用与自己心理因素不同的民族的法律。罗马法体系表面看来似乎已经被德国采用了。但其实在采用的时候，它已经变成了德国法。采用英国宪法体系的国家也很多，但是能够真正贯彻实行的，其实也仅仅是英国本国而已。

就法律的产生问题来追本溯源，其形成可分为三个阶段，最开始是

习惯，接着是相对固定的惯例，最后才成为立法者能够颁布使用的法律条文。

法律常常是根据习惯来形成条文的，这是法律的真正任务。我国的民法典，人们大多以为是出自拿破仑的起草委员会所编订的内容，其实它仅仅是集合了各地的习惯来写出具体文字，形成完整的法律条文而已，并没有什么创造性可言。这时候的法典，是旧法典而非新法典。

所谓习惯，来自每天都在发生的社会、工业、经济生活等方面的需要，继而由惯例固定下来，法律再据此加以限制、裁定。法律所做出的判罚，是针对某一时代的社会现状的。所以在今天文明进程比法律发展更快速的情况下，有时候不得不根据惯例来改变法律中已经不符合社会需要的地方。

在法官没有自主权利的国家，将习惯形诸文字成为法律条文要迅速。在法官有独立自主权利的国家，比如英国，就没有必要急着更改法律条文，因为法官可以自己根据社会发展的情况进行调整。

社会需要在不断发展，比法律的调整更新速度更快，因此惯例的影响力在各个国家都非常大。这种情况古往今来都是一样的。从前罗马人恪守法律，但是根据克吕艾的考证，当时法庭做出的判罚和法律中的明文规定相悖的情况很多，而现在的人还在把罗马法奉为金科玉律，这难道不奇怪吗？！

事实上，法律如果不随着社会发展而改变就不能继续存在，然而历史中还没见过这样的法律。伊斯兰教的法律，从前固定在《古兰经》这部经典上，使用的时间非常久，而实际环境早就变化了，还想要根据这个经典来规范人的行为是非常困难的。所以今天的《古兰经》固然仍被伊斯兰教徒共同恪守奉行，但实际上，具体法律的内容已经随着具体解释的不同而一起变化了，这和罗马人奉行《十二铜表法》但并不具体应用是没有差别的。

由此可见，习惯和惯例的发展都超前于法律的发展，而且有时候还会跟法律背道而驰，法律从来都不可能与习惯、惯例相抗衡。迪尔凯姆教授说："如果家庭生活的发展趋势是乱伦婚姻，那么靠法律来禁止并不一定会见效。"这当然是假设的情况，但这个推论和解释却是正确的。请问今天什么样的法庭能对决斗杀人者进行苦力劳动的判罚呢？法律也曾禁止堕胎，但是罪犯却常常被陪审团释放了，最终导致法官也不愿意再去追究。

如果没有不断更新的惯例来矫正，法律几乎就要成为不公平的规定了。法律规定水手的妻子如果没有丈夫的死亡证明，永远不能改嫁。如果不靠惯例来纠正，这些女子岂不是要当一辈子寡妇？法律禁止追究私生子的父亲，而按照惯例，诱奸者要赔付给女方金钱，给孩子养育费用。可见惯例的实际作用是很明显的。

如前所述，立法者的任务在于赋予已经实际成立的法律以裁决、判罚的权力。也就是说，立法应该在习惯已经形成、惯例已经固定的时候。如果没有经过这两个阶段而立法，那么法律在公布的那天就已经宣告了失败。

现在不妨举一个由习惯、惯例形成的新权力来证实我的说法。我国的行政法院，从前仅仅是个不重要的行政机关，现在的权限却得到扩张。之前它隶属的部门，现在反而隶属于它了。没有别的原因，就是习惯和惯例的作用导致的。至于习惯和惯例之所以成立并起作用，则是因为人民想要限制部长们和行政机关弄权行私，所以就消解了部长以及各个政府官员的权力，把这些权力赋予行政法院。法律并不一定有具体规定，但大凡实行民主政治的国家，这种具有独立裁决权力的固定机关是必不可少的，美国联邦最高法院的职务也跟这一样。

再以英国为例，以证明法律权力的产生并不源自成文法令。英国政府的基本原则并不以成文法为基础，如议会上下两院的区别，如两会议员的责任等，都没有经过法律明确规定。但是英国政府的君主立宪制政体不失为世界各国政治制度的典范。今天我们可以把英国称为民主国家，是把国王看作了总统，人民拥有最大限度的自由。现在的民主国家中，唯有美国可以与它媲美。他们的人民有宗教信仰上的自由权利，也不受有形或无形的势力强迫、干预；人民可以获得产业，不会被国家征收使用。我国实行的秘密逮捕制度，从前来自国王的“密札”，现在则出自预审法官之手，而在英国则从来没有出现过这种情况。

而且英国人和我们在秩序、理性、严整统一等方面的观念正相反。张伯伦说，英国宪法的优点在于它不迎合世俗意愿。这个见解很对。大概可以说，法律的产生是出于情感，而不是本于理性。

可惜法国民众对于理解和接受这种观念还相距甚远。对法律本源的误解，导致了我们的民族付出了巨大代价，经历了多次革命，反复的破坏，很多次残酷的杀戮……将来还不知道要再付出多大成本呢。总而言之，法律不能靠凭空的想象创造出来。这一点可以贯穿整个法律产生、发展的历史。

第二章
法律的危害

想要证明前面一章所说的事实，就不能不从那些满脑子奇思妙想的立法家们所订立的法律中，略举几个例子来进行评价。

有一个故事，古代波斯有一个著名的皇帝薛西斯一世，他的船在大海里沉没了，他非常生气，便下令用鞭子鞭打大海。揣度他的用意，似乎是想要警告大海，让它不要再做这样的事情。这种心理简单而可笑，跟今天的立法家们想要改造社会的想法是非常相近的。

我们应该明白的是，今天社会生活中的各种需要是不会轻易改变的，这与物理规律相似。这些规律看不见摸不着，人们只能顺从接受，又怎么能徒劳地想用法律来抵抗、改变呢？想要知道今天的立法家以及革命党派改造社会的行动结果如何，等将来就知道了。

这种不切实际的幻想，只有等到结果出现的时候才能最终破灭。在君主专制国家比如法国，独裁政体的危害已经在色当战役中体现出来；而在民主共和制国家里，民主专政的独裁性危害，将来也肯定会有一些经验能证明。

在前面的部分我们研究了立法的过程，已经对法律的形成和本源进行了大致的说明。所谓法律，就是根源于社会生活中的习惯，经由逐渐固定下来的惯例加以确定；它是一直处于发展演变过程中的社会生活法则在某一时代的成文部分，并且随着经济需要以及民族性质的变化发生改变，并不像社会理想家们凭空想象、自行加以规定的那么容易。

我经常思考这些社会理想家是从哪里冒出这种幻想的，他们大概是以为从梭伦到拿破仑，所有时代的法典都是一个人就能制定的，却不知道这些法典实际上都是集合了各国家、各民族、各地区、各时代的旧有习惯，加以统一整理，系统化形成具体条文而成的，并不由哪个人来倡导发生。所以拿破仑法典可以在那个时代制定颁布，而瑞士、德国的法典只能在最近才成立。

令人感慨的是，自从社会革命学说广泛传播之后，理论家们都认为社会是可以依靠法律发生改变的，于是想要把宗教所拥有的神圣权威赋予法律。其实这种源自信仰的力量，只能在从前宗教可以干预社会生活，民众相信君权神授、君主是代为传达神的旨意的时代产生作用。当时的理论家这样主张，是因为不知道存在着铁的社会发展规律；而今天的理论家们，竟然也完全不知道这些规律，以至于在传播这种论调的时候，其心态的狂热并不亚于旧时的布道者。

我的看法恰恰与这种空想的理论相反，我认为凡是历史中的重要现象，基本上都是由各种远因、近因相互作用而形成的，无数隐藏、潜伏的小因素积累在一起，才造成一个影响巨大的结果，就像星星慢慢形成固定轨道，就像一颗小种子发芽、成长，最后成为大树。当各种微小因素积聚的最初阶段，力量还很小，还可以预防、抵抗；等到越积越多，势力越来越大，达到一定程度，超过了一个社会现状所能容纳、接受的限度，大堤就不能免于这种潮流的冲击，于是溃堤决口，民族的自然进化就变成人为的社会革命了。

从前依靠宗教立国的君主，早就知道理性的力量微乎其微，所以并不在这上面寄托希望，而是专门借助情感的力量来统治人。只是这种个人英雄时代已经过去了，在今天这样的科学发展、工业进步的时代，宗教信仰的力量已经被经济需要代替，神的旨意已经不足以凭借依靠，更何况是要靠法律来改造社会呢？这就好比是想要光凭演说就让铁路封闭、火车停下来一样，是根本不起作用的。

考察过去的社会历史经验，再审视一下今天的时局就会发现，社会生活状态越不完美，法律条文增加的就越多。而法律条文越多，对社会生活的危害就越大，因为它阻碍了事物的自然发展规律和趋势，强迫其发生改变。

想要逐一列举这些有害的法律及其影响后果，非要巨大篇幅才能穷尽，这里只能先列举几种。我的目的，并不是要指责谁是不良的立法者，只是想说明这种盲目立法的后果。

商船奖金法颁布之后，政府每年要耗费 4100 万法郎支持这项法规。结果我国商业航运业衰微，德国航业公司利润上升。现在引述儒勒·休特与德国的北德意志·劳埃德公司经理普拉特的谈话予以证明。

儒勒说："我询问普拉特先生，'您亲眼见过德国海港异常繁荣的情景，应该能够告诉我德国商船航运业进步，法国同行业却停滞不前的原因'。"

普拉特说："这个原因非常简单。你们实行商船奖金法，自己加速了死亡。你们政府出钱，让从业者不作为；他们什么都不干，商船航运业哪能兴盛呢？你们这个奖励办法的结果，尤其值得揶揄。你们的奖金啊，实际上是让英国人、德国人得利了。其实我不应该把这个情形告诉你，因为实际上得到利益的是我本国的人啊！只是先生既然询问我，我也不得不以诚相告。"他还说："外国人因为法国政府给予奖金，于是集资在法国设立公司。而给奖金的标准，是按照航海距离来计算的。这样一来，商船航运业实际上是在用法国政府的预算资金来周游世界。一个船主告诉我说，如果用空船巡游八年，在这艘船上投入的成本就完全可以收回来了。所以这些商船都拒绝装载货物，以求行驶轻便，便于高速航行。"

儒勒说："现在这个法令已经修改了，商船只有载货才能得到奖金，您可别危言耸听、言过其实呀。"

普拉特说："虽然有这个限制，但仅限载货量的四分之一就可以得奖，这限制其实等于没有。有几个德国人也想要效仿法国政府这样的办法，要求给予奖金，但都被各个大公司的总经理拒绝了。理由都是法国航运业因为设立奖金而衰落，我们更不应该步其后尘，让自己失去自主发展的动力，以至于加速航运业衰微。"

1900 年发布的限制工厂使用童工的法令，看似有益，实际上的结果却是，一是使学徒人员失去了原本可以学习行业知识的可能性，这势必造成将来工业发展上技能工人数量不足的恐慌；二是少年犯罪的人数加倍上升。上议院议员托伦在报告中说："这一法令实行之后，人们都认为工业资本家必须终止雇用童工当学徒。这就导致了这些无业人员整日无所事事、游手好闲，自然不免走上犯罪之路。仅仅就巴黎一个城市而言，青少年犯罪人数已经由 1174 人增加到 2273 人。"

产酒、酿酒特权法允许酿酒原料的生产者可以自己酿酒而不用纳税。这样，他们每 100 升酒就可以获得 220 法郎的利润。其结果，一是使国库每年损失 1 亿法郎的税收，二是饮酒对社会的危害大大增加了。从前那些因为酒的价格太贵而喝不起酒的家庭，现在都能享用到酒精了。

关于教会团体的产业收入的法令，其最终结果暂时无法预料。但是以目前所见而论，之前预计能够实现的产业收入额是 10 亿法郎，而现在实际上似乎还没超过 1000 万法郎。这是收入额方面。而支出方面，则是增加了数目众多的学校、医院，以代替从前教会产业管理下的所有学校、医院。等于说是 10 亿法郎的收入还没实现，就先花掉了几千万法郎。这仅是就利益来说。如果再就社会结果而言，这一法令也遭到无数民众的愤恨。因为持社会发展理论的党派明明知道法律保护私有财产这一理念，却还要制定这类法令。外国人也对这样的行为很不满意。相较之下，我们的损失比几次战败造成的损失更大。这需要另外的章节专门论述了。

制糖业奖金法实行的结果，使得糖的生产过剩。法国糖生产商向本国人出售糖的价格比英国要高出三四倍。换算成政府的损失，达到几亿法郎。现在这一法令虽然已经废止了，但是糖生产商从消费者那里剥夺来的利润已经多到无法计算了。

咖啡馆、酒店、饮料店自由营业法，表面上看来似乎没让政府出一分钱，而实际上民众要付出的费用却非常大了。不但在这方面的消费增多，饮酒的危害也由此而变得高发，医院里病人人满为患，国力也随之衰落。细想一下，哪有比这更大的损失呢？！

回收西部铁路法试行的时间还不算久，想看最终结果还需要几年。但就目前而论，这个法令刚一公布，员工们就纷纷要求加薪。1910 年间，国家的损失，如果根据杜摩尔的报告，已经达到 5000 万。大体上所有收归国有、市有的事业，没有不蒙受这种损失的。这个情况，社会民主党派不能不知道。

对于南部葡萄种植方面的救济法令数目就更多了，但无论怎样，最终还是不能用人为的法律战胜自然规律。当南方的葡萄种植过度的时候，葡萄酒产量就过剩，再加上还掺进了很多别的原料，葡萄酒产量就更多。合适的救济办法，应该是效仿从前发现茜素的时候，舍弃价格高的茜草不种，改种其他品种。而今天国家的救济方法则相反，或者政府出钱收购，或者补助酿造费用。这种现象，在英美等国家没出现过，大概是因为他们的人民有自主发展的能力；不像我们，对国家的力量深信不疑，动辄希望政府出面干预。

工人养老法，这一法令虽然没有完全实行，但我们可以推测出它将来的结果，一定会被多数工人反对，一定会成为扰乱社会的根源。今天，由私人发动的公共慈善事业非常发达，在这样的情况下，根本不用国家来强迫进行。而如果政府一定要强制规定实行这样性质的法令，结果就会导致，一方面使得多数人耗费金钱到没有实际意义的方面，而让少数人谋取利益；另一方面让私营业主原本已经很重的负担雪上加霜，这样又怎么能消除扰乱社会发展的因素呢？如果是互助互救，大家集资还可以还，但如果是养老金，集资的事情可不能实行。《时报》的言论非常对："让工人避免利益损失，达到养老的目的，劳动者需要满足各种条件。其中之一，并非是工人自己就能自由决定的，即年满 65 岁。如果不能到这一年限就死了，那么生前所缴纳的钱都被其他人剥夺占用了。教给民众储蓄的方法，这样做合适吗？而且政府恐怕工人不能尽到集资的责任，就用法律规定让资本家从工薪中扣除，使得每次发工资的时候，都会产生矛盾；这是在人为地制造阶级之间的斗争，开启战争之源了。"

前面提到的盲目立法的坏处其实还有很多，不能一一列举。立法者带来的祸患就是这样。再加上他们越来越不能满足民众的希望——具体在哪些方面不能满足，我在后面会另有论述——就像病人在药方不能奏效时也不能原谅医生一样，人民对于立法者的情绪也是同样的。

总之，这些所谓的人道主义的法律条文，各有不同的负面影响。这些影响互相叠加，累积起来，就会酝酿成一个严重后果。这种效应，我们现在已经开始感觉到了。

如果因这类法律的实施而使得工业发展趋于衰微，利益受损的只有劳动者自己。再加上工厂停业的情况不断出现，外国同行业的竞争不断加剧，这些劳动者将要靠什么生存呢？指出这种法律危害的，还大有人在。

保罗·德隆布尔说：“现在，整个社会的负担正因为实行的这些所谓的社会政策而日益加重；如果这些政策真能起到一点缓和、平复社会矛盾的作用，我又有什么好说的？我只是特别担心，在平息当前社会中过分激烈的民众不满情绪之前，这些政策就已经把我们引入破产的境地了。”

儒勒·路尼说：“我们现在这些议员，正在为民众引导、制造一种神奇的心理，不但让群众深信议员们有把水变成酒，把铜变成金子，把面变成饼，把穷人变成富人的能力，甚至让那些改革家也深信国家政治制度以及社会政策的神奇，相信它们比神仙还要灵验。至于不能快速见效的原因，则是议员们倡导的这些制度、政策实行时间还不够长。”改变法国社会现状的办法就在这儿，两院议员何不乘兴而来？！

这种忠告未尝不恰当，但是却没有用。古代神话中的天神朱庇特想要剥夺一个人的权利，会先让他失明，双眼看不见。现在的情况也是一样。这种草率制定的法律实行之后的结果，正渐渐反过来波及倡导者自身。历史中这样的情况已经很多了。波舒哀说：“人类思想常常被意志、倾向左右，但意志、倾向也常能超过思想，而且有时会反对思想。”说得非常中肯。

第三章
恐惧的政治力量

神秘主义我向来不熟悉，但我也曾试着对神秘的东西加以分类、进行区别，并研究、探求它们的构成规律。我们敢说，历史上的大事件，其经过都是神秘事物及其力量造成的。历史，就是各民族创造或者消灭神秘力量的集合；而从古到今的政治现象，就是神秘力量之间从未中断的争斗厮杀。

种种神秘之物的能力并不一样，而是各有秩序等级。最厉害的是一群势力最大、声势可畏的神秘者，只有时间才能制伏他们，没有别的方法能够与他们抗衡。这就是各大信仰的创立者的潜在影响力。这些人身处墓穴之中，却能让亿万人民俯首帖耳，唯命是从。人民也尊敬地供奉、膜拜这些人。为了他们，人们曾创造灿烂的文化，也曾进行激烈的战争。最近这些年有 3 万亚美尼亚人遭到屠杀，也是这个原因。

比这种恐怖的潜在影响力略逊一些的，是英雄的声望幽灵。这些力量仅存在于某个民族的思维意象中，在民族古老的传说故事中流传着，然而他们的势力仍足以影响后世。比如拿破仑的声望足以帮助他的侄子登上帝位，而使我们蒙受色当之败的耻辱。

最下等的是无数骚动的喧嚣浮躁的小势力，这些势力没有真正的力量，而且也不能持久。就像肥皂泡，手指一碰触，它就破灭了。它足够挟制人的意识，大概是因为有一个大的隐秘之物在它后面。这个隐秘之物，没有什么能撼动它的地位，也没有什么力量能让它受伤。自从有人类世界存在以来，它的势力就没有削减过。它的名字叫恐惧。无数小势力都是它产生的。

古罗马诗人卢克莱修说，恐惧的力量是宗教信仰自身所产生的。这一说法我尚不能证明对错，但我敢断言，如果一个民族和它的领袖不被恐惧挟制，历史的进程必然会跟今天我们所知道的有所差异。我还敢断言的是，如果由恐惧产生的无数小势力不干扰议会的活动，今天我们所见的各种问题，必然会被社会业已形成的不可缺少的秩序、纪律代替。

这种由恐惧产生的潜在而巨大的力量，只有杰出的大政治家才知道如何运用。那些庸常的政客，只知道顺从接受而已。

邮政员工的罢工就是值得慨叹的历史。它一方面显示出统治者的无能，对这种声势感到惊悚恐惧；另一方面可见统治者们不知道如何运用，这种潜在的力量虽然扩张得很大，但只要轻轻一碰，就会像肥皂泡一样破裂，消失于无形。

邮政员工所创造的无形恐惧，刚开始的时候势力还很小，很容易消灭。这一点，我已经在《意见报》中预言了。只是政府自己感到害怕，只好宣告投降，有点卑躬屈膝、咎由自取的意味了。就像邮政员工所说的那样：“政府几乎是跪求大家回来工作。”

尽管如此，这次屈服也不是没有好处的。一个国家中，如果一个阶级、一个阶层团体、一个党派自以为力量强大，必然会以主人自居。这个邮政员工阶层，自己都惊讶于自己的力量，认为威力足以让议会、政府和军队屈服，于是以为自己强大得不可抵挡。没有耐心等待自己的力量增强、扩大再加以利用，而是借口某一事件又宣告罢工。除非我们承认法国政府已经被邮政员工代表统治，否则不能不加以防备了。政府于是进行抵抗。冲突刚一开始，肥皂泡就灭了。这个无形的力量既然已经消失了，其他无形的势力也随着灭亡。像政府所最惧怕的总罢工之类，就是这样。这当中最滑稽的，就是发动总罢工的人，也就是内阁成员中的一个人，只不过当初他还没有进入内阁而已。

总之，胜负双方都不知道利用潜在力量，导致积累下无数不可原谅的心理错误。第一次退让，是政府的心理错误。征服国家的举措，可以有一次但不能有第二次；如果不量力而行，一旦落败，局势将不可收拾。至于又要以罢工作为要挟，更近似愚昧无知了。这是邮政员工的心理错误。劳动联合总会的人员，拿着罢工的说法加以操纵当然可以，至于想要实行，以显示政府的无能，这是最大的错误。可惜谈论神秘主义的人，没有人能指出这种势力擅长在幽暗中生存，却会在光明下毁灭。这个真理，是不能被蒙蔽的。

劳动联合会亲自作为公安委员会，庄严宣布实行总罢工；等到罢工结果没能起到作用，正告诉我们抵抗的好处。从这次罢工的过程变化可以看出小股势力不足畏惧。如果让它们知道我们惧怕，它们得到扩大的容易程度，就不是语言可以形容的了。

邮政员工前后语气的变化，可以给我国的政治家提供不少教训。最开始他们还知道恭敬顺从，政府表态妥协后，他们的语气一反之前的态度，并且加入劳动联合会，成为反对党、革命党，并以用激烈手段破坏社会为目的。这些都有报纸上所登载的对邮政部长的访问作为证明。

仔细思考民众产生不满情绪、扰乱社会的因素逐渐增多的根源，大多是政府的软弱庸劣所致。这种教训历来不少。如果政府稍微有点毅力和决心，就能够抵抗这种借口自由表达意见而鼓吹损毁、焚烧和破坏社会的闹事者。但是真正想要做到也很难。对于这些闹事者，今天判刑了，明天又赦免，那又何必实行这种惩罚呢？当时，邮政员工罢工之后，某议员战战兢兢地建议赦免他们的罪行，表决同意的人还不在少数。有这样平庸懦弱、大言不惭的议员，法律还怎么能够执行呢？

现在的危险，不在于民众牵制着统治者的行为，而在于领导者的言论一旦渗透进民众心中，将演变成不可避免的革命。之前巴黎公社时期的乱局，首都的部分地区被焚毁，都是由言论太过激烈、暴力导致的。这一点，我们应当时刻想到。

那么我们应该在恐惧的影响力刚刚代替昔日的宗教信仰之后进行抵

制；如果等到它的势力更强大，即使我们想抵制也没有用了。

处在纷扰变乱的时代，恐惧的力量最容易发展，它的势力也足以把平和的市民变成杀人暴徒。革命时代如卡里尔淹死人、富基埃·坦维尔砍头的恐怖行为，都是恐惧所导致的，我们也应该时刻记住。

值得庆幸的是，今天虽然有社会党的威胁，但我们还没有达到这样的极端。恐惧的力量仅仅在法律这一方面作祟，被它危害的，还只有工业而已。

至于它能作祟的原因，是选举人只顾自己的切身利益，不关注法律的订立。如果以收回西部铁道这一件事咨询选举人，我敢相信 10 人中，或许只有一个人会赞成。

至于立法者盲目顺从附和，大概是因为一群由俱乐部、委员会、劳动团体所制造的，诸如“帮助左派转变方向，铲除没有廉耻的资本家，财产向社会公开”等说法的引导。

这些说法不一定全都没用，知道利用群众心理的人常常说起，但从来不实行。因为他们知道群众是不可理喻的，群众只知道服从由自发情感产生的说法。群众非常愿意观赏布鲁图斯刺杀恺撒，然而对于谁将成为恺撒，群众怎么会知道呢？

只有那些非常杰出的人，才能知道群众心理；当群众心理突然发生

变化时，这些人也能随机应变。至于那些寻常的政客并不知道这个道理，只知道自缚于被恐惧心理引导的狭隘理论之中，根据那些荒谬怪诞的不符合现实情况的说法来制定法律。这是无数有害而不能实行的法律产生的原因。工商业以及国家财富的基础行业即将受到这种法律的迫害而受损，这坏处是不能说尽的。

即使这样，这种性质的立法仍然不停止，最近又增加了出于恐惧心理所产生的加价行为，订立不能实行的工人养老法草案，这是下议院议员人所周知的。之所以不能实行，是因为单是实行的费用，每年就需要七八亿法郎。下议院明知道不能实行，表决的时候还是说可以，这是摆明了让上议院一定要有所改正。德隆布尔说："下议院表决的强迫养老办法，足以导致公共财政受损以及国民劳动力衰退。"这是真理。只是议员们被恐惧的心理挟制，真理又有什么用呢？

仅恐惧心理的势力这一种就已经非常可怕，如果再加上怨恨和羡慕两者，力量就更大了。这是控制今天的政治现实的三驾马车。所得税法草案大体上就是由这三者而来的，而舆论界还说这法律的起草是本着公道，本着有利于人民。这种说法，连嘲笑都不值得。

这法令能得到人们赞成，是因为它先利用了怨恨和羡慕这两个因素；如果人们知道了纳税人仅有 50 万，那么公道何在？然后他们又利用恐惧心理而获得多数人的认可。我此前曾说过，隐秘之物适宜在暗处而不适宜在明处，现在舆论界已经意识到少数社会党人嫉妒少数大工业家事业兴盛，想要破坏、毁灭他们的意图。法盖说得很对："某党派力主实行所得税，是因为征税额度他们可以自己决定。喜欢的就免征，不喜欢的就征收重税。这对选举来说可是非常见效的。"儒勒·洛奇说："这种民主改革就是退步的草案，极其恶劣也极其危险。把公民的产业交给独裁的党派官吏，这是在破坏法律，也是在让法律自相矛盾。”雷蒙·庞加莱说：“这草案对公共财产构成威胁，使得将来的国民收入受损，纳税人横遭压迫。这是对国家产业和民众生活的危害。如果实行，我确信必定发生最大规模的反抗。”

大家既然都这样认为，这种行为贻害将来，又像他们说的那样明显，议员们竟然还是通过了决议。对将来的危害为时尚远，而目前在选举中具有势力的小学教师、酒商、社会党人、委员会等的愤怒情绪已经来势汹汹，似乎无法抵抗。至于那些工团也是一股政治势力，我没提到他们的原因，是这些人曾经宣布不参与此事，大概这税法跟他们无关吧。

统治者依赖这种潜在力量活着，并且受制于恐惧这个因素已经20年了。从中获利的只有工人阶级，受害者却是工商业人士。他们不时被苛刻的法律、赋税政策刺激着。

采取立法的手段来反对那些能够代表国家力量以及尊严的人，以便让一个阶级获利，这是恐惧这一因素导致的。或者拿宗教当借口来剥削一些人，或者拿社会财富当借口来剥削另一些人，总之都是出于恐惧。害怕教会，害怕工人，害怕社会革命党人，以至于连普通职员都害怕，将来恐怕见什么怕什么，没有不害怕的了。

订立很多苛刻的法律，就能博得劳动者的感动、高兴吗？不能。群众靠威胁获得想要的东西，是不一定知道感恩的；而政府退让的结果，仅仅是得到怨恨情绪而已。

那么这个威信扫地的政府为什么还能存在呢？答案是因为暂时还没有什么能够代替它。所以多里亚克在《今日法国》一书中说："政府能维持存在 40 年，与其说是它本身的能力所致，不如说是它的对手太软弱，它才得以延缓的。"

这意见已经变成时下的共同看法。政府今日的燃眉之急，在于减少敌人的数量，放弃从前掺杂着各种因素，各种手段并用的懦弱制度，以及那些狭隘的、有诸多限制的政策。否则，将来不但不能得到任何人的认同，而且还会被所有人反对。

尽管如此，还是很难期望这种忠告能得以实行。最难的地方在于，自己摆脱恐惧心理这一因素的挟制。由此看来，我们的国人还要有很长一段时间逆来顺受呢。而这世界最后的神秘力量，将随着这世界最后的一个人而一起结束。

第四章
神权在近代的变化——国家主义

社会主义和共产主义是国家主义的自然表现，被拉丁民族一致尊奉为国民宗教。流传时间很长，在人民心里留下的印迹也很深。它的影响非常强大牢固，不像那些过渡阶段的信仰，还可以用理性或情感做诱饵。所以今天除了少数没有威望也没有权势的离经叛道的人进行驳斥非议外，没有人敢提出质疑。

这个国民宗教的教义已经很普遍了。我国的政党，虽然有信仰最坚固的教会党，思想最为顽固保守的保皇派，观点最为激烈进步的社会党等种种名称，但其实都是崇拜国家权力的政党。他们表面上各异其趣，本质上却合而为一。他们选择传道者的方法固然各不相同，但其实并不一定是针对教义进行讨论。

他们的教义，说起来也很简单，很容易理解。广泛地说，一切拉丁民族；狭义地说，单指法国人，都把国家作为“公共教皇”，由国家统治管理一切、制造一切、指挥一切，并避免让公民产生一点点自主的创造力。我们世代遗留下来的不可缺少的宗教性神明，现在正逐渐被它取代。种植葡萄的人，葡萄如果卖不出去，而国家不收购，人民就群起暴动。船主不能和外国同行业竞争，就要求国家赔偿他们的损失。工人怠惰，贪图享受，不肯干活，却反而请求国家让他们休息。时间久了，各种要求越来越多，遍布各处。这种“公共教皇”的行为也逐渐扩张。工厂、铁道、航运业公司渐渐落在它的手里。而共产主义还想要把一切工业都一并送给它。

国家主义不只代表神权，而是把从前所有宗教、君主所拥有的权势一并承袭下来了。路易十四死了很久了，然而国家还保存着他的统治方法和原则。如果请通灵人士去质疑一下这位著名君主的魂魄，他必定会告诉自己的继承人，让他们完全遵循自己的旧习惯，只是集权专制稍微有点过火而已。这位著名君主的魂魄或者还会展示古今共同遵守的一个原则，比如现在驱逐教会集会结社，与之前他驱逐新教徒大致相同。

今天的情况，有一点是可以让这位著名君主评论的，那就是现在的统治者靠着谄媚阿谀来求得群众宽容，实在是太过了。在这样的状态下，想要实现统治是很难的。这位君主或者会更进一步地评断说：“从前的君主所追求的往往是公众利益，而今天的国家代表们往往是为了保证自己能再当选，才订立那些有害的法律。这种话如果被这些代表们听见，他们必定会赶紧让路易十四的魂魄快点回地下去和他的祖宗们的鬼魂为伍，因为他不理解进化。”

省长多尼亚克的书，我此前已经引用过了，现在再引用他对于国家专制的评论，以证明国家官吏中持反对意见的也大有人在。他说：“自从革命政府成立一直到今天，都是遵循旧日君主时代的统治方法。对待外省人民，与对待偏远殖民地的居民没有差别，甚至像对待异族一样。”外省政府权力虽然小，但都仰承中央政府的意思，如建造市场，开通源泉，都需要经中央许可，其他方面更加可想而知了。这是效法旧日国王用监督官统治外省的老办法。

不用再举君主时代的例子来证明今天国家专制的形势较为严重，仅就法律的危害这一点而言，今不如昔已经非常明显了。立法者只顾目前利益，不问将来情况。眼下的、表面看来需要的，任由民众随意表达。即使违背信仰，损害公共利益，也无所顾念。再也没有比今天的政府更失民心的了。

国家主义的扩张，不仅是实施压制人民的苛刻政治，而且还破坏、扰乱国家事务。这些会在后面叙述。

根据前面所述的心理学概况来解释最近发生的、看似不可解释的事件，其实非常容易。比如国家印刷局一案，和海军的衰败这件事，曾经由国会的调查委员会检举揭发，但是至今还没查明原因。如果是哲学家，则不需要探寻究竟。

重新修建国家印刷局，除建筑师外，所有人都认为没有必要。当时的预算费用共计 442350 法郎。而据监察委员会记载的修建所用的实际费用，数目不下 1000 万法郎。工程应该四年完工，但从开工到现在已经七年了，距离落成还是遥遥无期。至于为什么耗费这么多，如果根据委员会的举报揭示，这都是国家垄断的官吏滥用公款造成的。比如建造楼梯，本来已经完工，又说它与装饰风格不符，于是毁了重造。又比如数千平方米的地板，本来经过许多困难才能完工，某位官员却说这种地板妨碍了他的足疾，又恐怕受寒得病，便下令全部毁掉，用不能经久的、最劣质的木板代替。官员贵重的脚倒是可以避免受寒了，可是国家已经耗费了数十万。除此之外，其他的新奇事情还不少呢。建筑完工之后，花费巨资购买各项机械。买来之后才发觉，竟然忘了给安置各个机器预留所需的孔穴，于是再毁掉一部分房屋以弥补这一过失。前后耗费不少于百万。如果私人这样营业，早就已经倒闭了吧。而国家之所以不至于停业，是因为这损失与官吏无关，费用都出在无名的纳税人身上。

举这个例子，就可以知道平时耗费有多少了。然而如果和调查委员会所揭发的海军状况相比较，这种耗费还算是小数目呢。

根据杜迈的报告，我国海军计划不统一，发展速度也不一样。既没有方法，又没有责任感，再加上废弛已久，弊端丛生，于是导致数年之间，实力一落千丈。

同时，根据同一委员会的委员阿贾姆的统计，海军耗费的数目不下7亿。如果再加上卡约的计算，从1899年至1909年，商船航运业的奖励资金数额是6.93亿，那么相当于耗费的数额加倍了。究其原因，可以这样理解，一方面对军事航行无所裨益，另一方面又有损于商船航运业，所以耗费的数额才会翻倍。

海军中军务废弛的混乱情况很多，有些是我们无法想象的。从阿贾姆所述的一件事，我们可窥一斑。某种钢甲舰的钢甲太重，于是换成轻的。换了之后又觉得轻，便又重新换回来。军舰已经成形，浮在水上，花掉300万了。因为这种种的怠惰废弛，我国制造钢甲舰的费用超过英国30%。其他国家制造一艘军舰仅需要两年，我国则非用上五年不能完工。因此阿贾姆说“这是国家主义应该警觉、恐惧的事情，也是国家应该专门进行惩戒的事情”，等等。

类似的事情各处都有。当土伦城逮捕捉拿几个兵工厂的军需品承办人的时候，检查结果发现，25年中，货物入厂从没经过检查，承办人可以随意交出所愿交纳的货物，而收取国库所不应付的钱款。更奇怪的是，当时竟然没有一个人觉得有什么不对。

“跟我有什么关系？”这是实行这种国家主义的政府常说的话。但这种看法如果在私营业主中实行，那么破产是指日可待了。

海军、国家印刷局和其他各种国家行业紊乱的唯一原因，已经在前面详细叙述了。所有国家控制的事务都转化为政府管理，实际上就是把所有责任都分散到无数的政府局、司部门，以至于责任消失不在了。这种分科而治的人员，既缺乏自主的行为能力，又互相嫉妒猜忌，不知道所谓的公共利益。如果同样一个人被私人企业雇用，他的行为应该不会是这样的。

外国海军日渐兴盛的原因，是他们依赖私人企业；而我们则渐渐转变为依赖国家。这就是他们逐渐强大的地方，也正是我们逐渐衰微的原因。如果其他民族也听凭这种具有宗教意味的国家主义的侵入，堕落的后果应当是一样的。

英国议员哈罗德·考克斯的讲演，被政治和议会的杂志刊载的部分说："英国政府极少经营工业，而一旦政府经营，必然蒙受重大损失。如果同一行业交给私人经营，则获利非常多。比如电报事业。在1870年前由私立公司经营，股东年利6厘。自从交给政府管理之后，旧有利率一下子变为2500万的损失。"

这是心理学规律的必然结果。大凡一个人缺乏自主的动力，而又推卸责任，他在知识上和生产上的价值都必定大大减少。社会党派不愿意挑明这个道理，不一定是他们没有发现。大概因为这个道理一旦挑明，社会主义就将没有存在的余地了。

拉丁民族的共产主义国家还在不停地迅猛发展。西部铁路收回之后，其他路线也难免要被收回。我们将会见到各种新的专门产业出现，官吏也将大大增加。某位内阁成员最近在下议院宣称，他想要把酒业和保险业改为官办。《辩论日报》对于此举已有所讨论，现在转录如下，以此体现舆论反应："我们即将见到专为盈利行业实行的财政政策在选举宣传中占有重要地位的现象，而且可以预见的是，这种疯子一样的政策过不了多久就将变成立法。一切有真知灼见的人，都会对这种中央集权的发展感到吃惊。个体自主能动性麻痹萎缩，官吏增加，人口增长率停顿，预算入不敷出，国民得不到休养生息，现在又在继续增加国家的负担，添设无数职务，让国家来当酒商、保险商，议会里的大多数人怎么会一点都不担心呢？之前国家就已经假借体恤民情的名义，干涉各种社会事务。现在又借口资本积累太多，想要抑制富人，接济大众，把经济事务分成各种专门的营利性行业。"

所得税是国家掌握、持有资本的开端，我们不知道社会党派的这种合法掠夺还要进行到什么时候，又什么时候能停止。工人养老法是国家慈善事业的开端，我们也不知道这种社会性质的博爱行为会在什么地方停止。专门教育是集中教育的开端，我们更不知道这种普遍教育的方法什么时候停止。可能是想要等到国民实力的主要源泉，比如自主能动性和创造力枯竭之后，再在荒原中重新建设起新社会来吧。

国家主义和官僚制度实际上是一个问题的两方面，想要削减国家的权力，应当先抑制官吏的特权。

国家自从掌握了众多工业企业以及专门营利行业之后，出于管理各种事务的原因，行政机关的重要性日益增加，现在这些机关已经结成很多小的利益团体。它们的势力刚刚强大起来，就把自己的意志强加于政府，比如近日的邮政系统罢工事件。现在，官吏们还嫌自己已经享有的特权和势力不够大，还要求巩固自己的地位。将来，议会必定会被这些势力的领导者要挟，不可避免地要通过承认、巩固他们特权地位的法案。这是可以预见的。

某位财政部长曾说："由这个地位法形成的寡头政治，把管理国家大事的大权交给官吏，而不再由国民操控，这将滋生一种真正的类似中国封建社会八股取士所产生的官僚政治。然而为什么要将经过如此大的代价得来的革命成果，交给这些人来统治呢？"这个见解实在切中要害。

承认这些不遵守制度的，总是要挟政府的官吏的特权，无异于承认他们是主人。这些人都自视甚高。凡是代表国家某一部门的官吏，都自命不凡，自以为是地觉得可以作威作福。他们对待公众犹如对待臣仆奴隶，公文上的称呼语气很没有礼貌，平时出现在公共场合，其轻蔑的样子几乎让人不能接近。

想要免除这种弊端、断绝这种官僚政治的混乱之源，我们民众的行为应当与平时的行为相反。换句话说，应当否决所谓的地位法，不让他们终身享有特权，不让他们能自己做主。如果要这些人听命于国家，我们应当效仿私营业主对待雇员的方法。员工的取舍、去留都是业主自己说了算，不要用成规。至于那些处理专门事务的人员，如工程师、电报生，合同契约上的期限不要超过十年。

这种做法必定有人反对，认为官吏在某一职位上工作的时间还不长，恐怕能够称职的人很少。我们可以告诉他们的是，如果真能这样，让那些资质聪敏的年轻人从事工商业活动，也算是国家的幸运了。看目前的情况，一个职位空缺刚刚出现，候补者就纷至沓来。财政部的一个助理人员日薪不超过五六法郎，而申请候补这个职位的人中，有大学学历的人已不下 50 人。假使将来我的理论能够实现，是不担心没有后备人选的了。但是，我的理论真的能实现吗？

国人受国家主义的影响很深了，以至于都已经不觉得是在受人控制、

驾驭。今天，受这种影响的人不知有多少，也渐渐开始有人结成团体势力加以抵制了。现在，人们逐渐明白了国家的职责不在于当工业家、人道主义者和慈善家。国家无权迫使公民信教或者不信教，也无权强迫民众遵循它的道德教化。国家的真正任务在于当各党派的仲裁者。在国内，它要用警察来维持秩序；而对外，它则以军队来保证民众的安宁。至于其他的事情，并不是它的能力所及的。

这种道理其实很普通，很平常，但是知道的人却很少。非常希望有一种迟缓的社会进化过程，能够慢慢消除国家的苛刻政治。但是期望不能太大，因为纸上谈兵地改造一个民族的特性固然容易，现实中却很难。

第五章
战争的心理原因

就今天文化的进步来说，如果用一种哲学家的角度来观察，战争似乎可以避免。然而在今天的各个民族中，战争仍然不失为一个重要的习惯。科学的进步能否减少战争的发生还很难说，但足以使战争中的杀戮行为越来越残酷却是可以断言的。列举历史中的数次大战劫难，即使如成吉思汗和阿提拉所发动的战争之惨烈，战场上伏尸流血的程度，恐怕也不能跟当下电气时代的战役相比。

如果一种现象的表现方式能始终严整如一，说明它是人类不可避免的需要，想要抗拒它，无异于与死亡相抗争。而且民族之间的争斗是人类进步的重要原动力。古人如果没有这一动力，就不足以脱离野蛮状态，不足以建立灿烂帝国。而艺术、科学、工业等活动，就都不可能产生。世界上的诸多文明，有不经过战争的吗？有平和的民族能在历史中占据重要地位吗？

但现在并不是评论战争利弊的时候，之所以说到战争，是想证明战争存在的必要性，以及考察、探究战争发生的心理原因。

这原因非常复杂。其中最主要的，就是强者想要抑制弱者。这大概是各级动物的共同规律。文化的不同固然可以减轻这种抑制活动的程度，但其发生却在所难免。因为各民族心理结构、生活观念以及行为方式的不同，会在思想意识的深层潜伏着某种嫌恶。民族冲突大多是因为这种不同造成的。世界上一切大的战争，名目虽然不同，比如，侵略战争、皇朝战争、宗教战争之类，其实常常都是不同种族之间的战争。伊朗和亚述的战争，希腊和亚洲人的战争，罗马和蛮族的战争，以及最近的日俄战争；没有一个不是种族战争。再如中世纪的宗教战争，也是种族战争。大约都是一个地方的民族主张个人主义和思想自由，而另一个地方的民族主张集权以及各种限制，从而造成冲突。

有人说这种战争是各国君主之间竞争的结果。可是我们怎么能仅仅看历史的表象，而不探讨其内容呢？君主在位时间非常短，怎么能完全代表一个民族的特性、爱好和想法呢？

我们可以期待随着文化的进步和各个民族之间交流活动的日益频繁而减轻互相之间的嫌恶吗？事实都在这里，可以作为回答。

距离现在还不算太远的时候，交通不便利，语言也不通。民族心理的不同之处，还被一种表面上大体相似的欧洲文化掩盖，因此无从见到它们的具体差别。现在交通已经便利，各种商业利益交错，交际活动日益频繁，民族心理的不同之处也日益显现出来。对于任何一个问题，每个人的观察都会不一样，想要融合折中很难。交际越频繁，意见越有差异。利益越紧密，精神越疏离。想要追求的原本是博爱，结果却相反，大家互相憎恶。由此导致种种政治和社会行为的结果。

各个国家自从蒸汽、电力等得到发展之后，空间、时间上的距离都缩短了。他们各自增加军备展开竞赛，而且在国境周围设立形如中国长城一样足以断绝交通的关税禁令和限制。不仅如此，各民族似乎还觉得由这种无形长城造成的孤立不够，因此无论本国实行的是专制政体还是民主政体，大多数所谓的文明国家都以驱逐外国人为通行的观点。澳大利亚首先开始排华，接着是美国，现在又禁止运载贫民的船进入口岸。英国工会要求解雇外国工人。俄国曾经按照民意在大城市驱逐犹太人。德国也有同样的事情，普鲁士政府曾经驱逐在铁路工作的意大利人、波兰人。瑞士自 1892 年否决了《禁止外国工人劳动草案》之后，现在又限制军需商人只用本地工人。其他国家的趋势大多如此。法国也一样。由此可见，说 20 世纪是博爱时代，似乎有些可疑。想要实现博爱，需要使各民族互相之间不认识，不了解；如果消除了距离，使他们互相接近，互相了解，等于是使他们互不相容了。

可见，现在各国民众已经开始反对外来者入侵了。各国政府，从专制到最自由的共和政体，都采用同一方法。可见这一举措在今天的必要性。那么，仅仅根据民族间厌恶情绪加深这一因素，已经不足以解释了，似乎应该有一个比这更好的理由。

今天一切政府采取同一手段排斥外来人，虽然还出于不自觉，但都有最正确的心理根据可凭借。大凡一个国家之中，外国人势力不能太大，否则会使这个国家解体。可能他们的力量足以消除该国民众所崇尚、看重的精神。从前罗马历史上外来民族最多的时代，帝国实际上已经面目全非。假设我国人口减少，各个接壤的邻国人口不断增加，如果听任他们的移民入境，我们必然有危险。这些移民，既不服兵役，也几乎不纳赋税，获利又比本国多，而其他国家又多半拒绝移民入境，他们自然不用选择，就高高兴兴地来这里。也就是说，这些人在国内大多不能自给自足，品性也多半是下等，对社会的危害尤其大。而我们被自己崇尚的人道主义原则逼迫着，只能接受这种祸患。马赛那里的移民之多，甚至可以称得上是意大利殖民地了。而且就算意大利殖民地的移民尚且没有那里多呢。如果法国不赶紧阻止外国人渗入，将来法国将三分之一是意大利人，三分之一是德意志人。那么种族及其存在所凭借的根本还怎么能存在呢？！与其受这样的入侵，不如接受战场上最惨烈的屠戮。

古代的人自然也有惧怕外来人的时候。但他们知道一个国家的价值，不在于较量居民数量，而在于较量公民数量。

由此可见，文化进步是不足以减少各个民族之间冲突的。尤其能增加民族之间隔阂的因素，除了前面所举的心理原因，还有后述的经济原因。哲学家、慈善家们常常叹息战争之祸还不能在短时期内消失。能够宽慰他们的方法，就是告诉他们，如果以为能用一种神秘不可测的威力来实现世界和平，那么一切文化、一切发展进程都将从此停止，我们的民族将迅速恢复野蛮的旧状。因此福格耶说："如果你相信和平的必然性，那么早在50年前你就会见到那种人类的腐败衰微趋势。因为它的破坏力比最酷烈的战争还要大。"

战争当然是有害的，而且这害处还很大。我们应该比较利害的轻重，以决定接受还是尽量避免它的发生。战争的危害有三点：损失财产，人员伤亡，民族被削弱。

财产的损失关系很小。历史中富有的民族常被贫穷的民族灭亡，说明想要用贫穷来消耗一个国家和民族，这种做法对这个国家和民族是没有用的。统计数据曾经告诉我们，德国为了维持从我们这里夺取的土地，需要耗费数十亿资金。欧洲各国多半也是每年支出几十亿的军费。我没发现这对他们有什么大碍。中间固然有几个国家看似趋于破产，然而实际上不过是因为他们的民族本身习惯艰苦生活，而表现出来的一种表面现象而已。国人应该知道这些军费必不可少，它们是避免国家民族受侵略的保险金。纵观今天的欧洲，除了对世界无益的民族外，能不凭借军队而存活的国家是没有的。一个国家一旦没有军队自卫，就会被强国吞并。那么将来要负担的重税，比现在这种军费开支不知要重多少倍呢。

今天，无论政府还是人民，都在夸大和平的好处。然而，也有一个道理无人不知，那就是假如一个大国和民族稍稍有个弱点，抑或暂时不能振作，那么它立刻就会被它的强邻侵略。比如日俄在中国东北的沈阳发动战争，和我们结盟的俄国军队势力刚刚衰微，德国立即在摩洛哥向我们挑衅。在外交电文中，德国人的傲慢言辞实在让人难堪。后来德国皇帝放弃战争的原因，是怕英国人炮击他们的海港。由此可以证明一个国家不能把自己的弱点表现给别人看。

各个大国的民众经过这一番教训后，都立即增加军备。想要增加军备，就应该先增加赋税。英国每年增加的海军费用就有 10 亿左右，如此巨大的数目，甚至引起了政治恐慌。可见其影响波及之大。所以各民族在真刀真枪的战斗之前，已经打开了财力之战。

战争的第二个危害是人员的伤亡。这个危害的结果还很遥远。拿破仑发动的战争，在 20 年间损失了 300 万人，这些我们都曾经历过。唯一可以确定的危害在于，战争中的死亡者都是身强力壮的成年人，这对未来人口的增减和未来人口的身体素质都不可能没有影响。当然这种结果只对人口增长迟缓、停顿的民族有害。

统计学家们计算战争的成本，仅仅估算费用而不估量收获。而收获也是战争问题的一方面，怎么能忽视呢？

若说战争的收获，最主要的一点是国家民族的灵魂。它需要经历战争才能产生、形成和固定。一个民族没有灵魂，必然没有文化可言。

获得战争的胜利当然可以巩固一个民族的灵魂，但战败也能使它的势力得到增长。人们都认为耶拿之战是德国的不幸，我却不这样看。如果没有这次败绩，德国的强盛及统一或许要推迟到数百年之后。正是这场战役帮助德国迅速崛起。如果从更长远的结果来讨论，耶拿之战不是德国的不幸，而是法国的不幸。

最近的这次大战，整个欧洲都开始穷兵黩武，其结果如何呢？统计学家认为这是在破坏财政，心理学者则认为这是民族性格的复兴。如果没有义务兵役制使全欧洲的强壮青年都投身于军旅，那么无政府主义、社会党和其他破坏近代文化的因素早就已经飞速发展了。近代社会所有的宗教信仰基础已经被毁坏殆尽，我们还没发现相应的替代物。而义务兵役制既然能教给民众一种坚忍、刚强、牺牲的精神，那么它也可以暂时成为民众的希望。今天，我们的民族正逐渐被优柔寡断、自私自利浸染，只有义务兵役制才能对它们形成足够的抗衡力量。这种兵役固然沉重，几乎与古代的农奴制相同，但如果没有这种兵役，欧洲社会就会被野蛮分子破坏。与此相比，似乎利用从前的宗教信仰成本更低廉，但我们又能拿这已经崩塌的不堪用的神权怎么样呢？

这种义务兵役制对民族性格的影响相当深重，数不胜数。现在举德国将军毛奇的笔记加以证明："青年在学校中受到有益的影响，这一时间非常短暂。幸运的是我国在个人教育结束之后，就接着对青年人进行军事方面的基本教育。这是其他国家不能与我国相提并论的地方。人们都说我国能取得战争胜利，是学校里教师的功劳。但仅凭借科学知识的学习，是不能使人尽义务、爱护名誉、报效祖国，为一种观念而牺牲生命的。因为人类的发展趋势就是这样。所以我们能够获得战争的胜利，并不是因为学校的教师，而是真正的教育者——军队。军事教育在 16 年间对我们的青年人进行智育、体育方面的锻炼。军队训练他们，使他们知道遵守军纪；使他们言行一致，不差毫厘；使他们正直，知道服从命令，热爱祖国；使他们刚勇，等等。"

义务兵役制的好处，不仅在于锻炼民族性格。近代工业，如金属工业的大幅度进步，正是随着军事装备、武器的研究、改良而发生的。这使得工业呈现出50年前见都没见过的果敢、精锐的状态和气势。再如，由于战术的需要而扩充了铁路，并改良了造船业和航海技术，这些都不能不归功于义务兵役制。

战争和战争带来的威胁，都是民族精神的催化剂。军事精神是支持近代社会的精神层面的后援力量。那些毁谤这种精神的民族，都应该相反，好好颂扬它。

前面说过的这些，如果还不足以让那些没有远见又容易冲动的哲学家信服，我们不妨再举一个某民族被所谓的和平逼迫的例子。印度地广人多，百年来享有和平的幸福。虽然有3亿人口，却处于英国的统治之下。他们所享受的和平可以说时间很长了，但结果不见得就好。近20年间，印度人口增加了3000万，每平方千米所容纳的人数，是欧洲人口最密的国家的倍数。由于人口日益增加，产出供不上需求，所以穷困是印度社会的普遍现状。如果没有饥荒，按照马尔萨斯的理论，他们的人口还应当更多，可见饥荒带来的危害之大，即便是流血最多的战争也不足以相比。仅奥里萨邦一地，在1866年就饿死100万人。旁遮普省在1868年，死了120万人。德干高原在1874年饿死130万人。有什么战争能跟这种灾害相比呢？！难道是饿死比死于炮火更好点，所以有人宁愿舍弃一个而追求另一个吗？

前面说到的这些，固然对战争的利与弊、好与坏都讨论到了，但这只是理论上的利益，实际上我们不能自己选择，只能逆来顺受而已。不过即便这样，我们还是应该在战争有利的一面多做准备。

为战争做准备的最好方法，在于铸造一种军事精神。这是一支军队的真正威力。没有这种精神，即便有最完备的军事装备，也不过就是没有自觉心、缺乏抵抗力的群众组织罢了。从今以后，我们应当认准一件事：那些想要破坏这种精神的著作家、演说家都是祖国的敌人，是想要搞破坏的匪徒。如果这种军事精神一旦消失，就将会有破坏力最大的入侵者来结束我们民族的历史。

这个意思应当详细解释一下。军事著作家们对于欧洲战争将来结果的预言，我们应当铭记于心。一定要记住，这一战是历史中多次发生的那些战争的一次总结。这次战争将导致某一种国家、民族的完全、决定性的灭亡。这一场大战已经不再有所谓的怜悯之心，无数地区将受它蹂躏，直到城市变为废墟、民众死亡才肯罢休。

我们在培养年轻人和军人时，应当永远铭记这一精神，不要听那些演说家对于平和、博爱或其他琐碎无益的事情的毫无裨益的演说。我们应当想到，穆罕默德兵临城下之日，拜占庭还在讲经论典。这些人与他们又有什么差别呢？

或者还有其他的现实问题能使我们免于战争，或暂停冲突。然而军备万万不能废弛。如果一旦战争不能避免，我们应该知道战争的实质不在兵力多寡，而在于能集合那些具有坚决抵抗精神的人。这样才能稳操胜券、获得胜利。

战争不仅是战术问题，也是心理问题。那些著名的将帅，大多都知道这个道理。拿破仑说："战争一半是精神作用。"只有善于坚忍的人才能获得胜利。

我说战争是心理问题，或许有人不明白这一点，现在就举一个例子来说明。各位研究军事的专家都公认军队损失有一个限度，超过这一限度，那么这场战争就算是打败了。这个限度被定为军队人数的百分之二十。损失一超过这个数目，部队的气势就很难振作了。军事专家们称之为士气受挫限度。军队人员损失五分之一，对实力来说还不算大的挫败。那么导致士气受挫的原因到底是什么呢？那就是心理因素，这是经过数百年间发生的事情验证的。不过有时候部队损失的人数超过了这个限度，也不一定就是败仗，如日本人最近的例子。失败与否，还要看军事教育、军事精神的具体情况才能确定。如果部队教育得好，那么即便超过了限度，士兵们还是能抗击敌人，直至让敌人达到这个士气受挫的限度而结束。这样就能转败为胜。所以我才说，兵不在多，而在于有一种被情感凝聚在一起的力量。历史上这样的例子并不少见。

能够取胜的原因，不只是刚勇果决的性格，还要有同样刚勇果决的行动。实际上这也是一种心理原因，并且所起的作用相同。这是长期教育的结果。想要让这种因素起作用，收到成效，需要使教育浸入将士的内心，并转变为自动自觉的行为。读毛奇的笔记，这样的例子不少。法德战争的时候，德军侦查到对方参谋部计划的变更，于是也让自己的军队随之改变行动。虽然没有接到作战命令，但军事行动已经自觉地开始了。这是行为与思想一致的效果。读一读 1870 年左右，我们同时代的将领们的笔记，会发现我国军队的运行恰好与敌军相反。没有接到作战命令，就不会随机应变。别人有发自内心的自动自觉的纪律，而我们只有呆板的身体的纪律。军队规模小的时候，这种外在的纪律当然也够用了。但当军队规模巨大的时候，这种发自内心的自动自觉的纪律是决不可缺少的。可见，只有知识的教育才能够养成这种纪律。

第六章
经济冲突的心理原因

民族间利益交错越多，想要互相了解的想法就越迫切，而互相嫌恶之心也会随之增加。所以，距离消除战争的时间还早得很呢。其中特别能够助长战争危害的因素，是文化的进步所增加的经济冲突。这种冲突的原因是不同民族心理结构的不同。它在无形之中杀人流血的本事，实在超过了战争。

我早年间就曾经预言过，当电气化时代的工业文明缩短东西方之间距离的时候，世界将会发生一种空前的冲突。当时人们大多以为我是在乱说，可是最近，日俄冲突表明这个趋势已经开始了。

欧洲向东方国家输出其产品已经很久了，东方国家长久以来就是消费市场。而现在，形势开始向反方向发展。我们从前出产的产品，现在东方国家也能生产了。而且东方国家的工人要求更少，工资更低，劳动力更廉价。目前已经有东方国家的农工产品入侵我国市场。欧洲国家曾试着设置关税壁垒，然而并不起作用。

今天的冲突还仅限于农工产品，恐怕将来，这种冲突的扩张会更加迅速。印度、日本和马上就要加入这一行列的中国，与我们在一切市场上互相竞争。从前，印度的纺织品是曼彻斯特的纺织工人供给的，现在他们却在用我们的机器夺取欧洲的专利，用他们的纺织品供给英国。中国所需的棉线，从前也由曼彻斯特供给，现在棉线转由孟买出口。印度和中国的工人工资非常微薄，而他们所制造的产品与欧洲工人制造的一样。正是因为这种竞争，美国和澳大利亚才排斥他们，把他们驱逐出境。至于我国梅鲁城的纽扣工人停业，则是日本在外国市场上与我们竞争所导致的。

如果印度、日本、中国把本国所有的煤都用来供给设立工厂，如果让他们用廉价劳动力制造的产品在全世界流通，试问能有哪种壁垒可以限制住这种商业扩张呢？！将来欧洲工人的工资，将与印度人、中国人、日本人一样。有人说："将来社会经济的调节器应该以劳动工资最低的国家为准。"那么，将来欧洲人的工资就将以东方人的收入为准。那些社会党还梦想欧洲工人工资能增加，不是很愚蠢吗？

25 年前，当我有这种推想的时候，印度、英国的舆论界虽然承认我说法的正确性，但却认为东方工人的需要也将视西方同行业的程度而增加。这种意见大概是因为没明白种族特性才产生的。一个民族的心理性格是最牢固、不容易变更的。这类经验并不少，都可以作为证明。中国人在美洲居留时间已经很久了，却没有因为环境的奢华而改变生活方式。一杯茶，一把米，足以自给。他们何曾用欧洲人的生活习惯取代自己原来的习惯呢？而印度工人每天收入五六苏（法国铜币，合 20 苏为 1 法郎）就满足了。可见我们的文化还不足以撼动并改变这种民族特性，那么，还怎么能说他们的需要会增长呢？！

由此可见，经济上的革命等于是把生产的权利送给了亚洲、美洲的民族。目前这一趋势还是萌芽时期，但已经晨光微露。等到将来，欧洲的产品输出必定会日益减少，直到整个社会衰落下去。

美洲的生产现在已经出现这种状况了。但美洲的工人多半是欧洲的移民，他们带有欧洲人的需要，生产价格不会减少太多。所以欧洲今天固然不能向美洲输入产品，但也并不惧怕美洲的产品入侵欧洲。

然而，日本、印度、中国的情况并不一样。他们不但拒绝我们生产用不上的产品，而且还要用他们的产品来阻塞我们的市场。即便不能达到目的，也足以导致双方在国际市场上发生竞争。当我们的工业失去了欧洲顾客时，就不得不降低产品价格，降低工人工资。

我们千万不能相信设立关税壁垒就能免于与东方的竞争的说法。只有自力更生，自给自足，或许才能达到目的。但欧洲人口日渐增多，想要自给自足也是很难的。

经济学家会计算欧洲多数国家居民的生活成本。当生产日益减少，自足已经很难，还要实行关税壁垒孤立自己，这无异于主动向饥馑靠拢。想要避免被饿死，势必要打破关税限制。因为已经负担着沉重的税债，如果再实行关税，本就凋敝的欧洲，将来的处境就可想而知了。它的文化必然会衰落，人口必然会减少，一直减少到经济上可以自给的数目。经济学家们这时可能才明白人口增长过快的危害以及人口少的国家的优势。

在各民族的经济冲突中，欧洲人的智慧固然不可忽视，但杰出人才数量很少。而手工劳动者的能力方面，多数民族都一样，不能认为欧洲工人就优于中国人、日本人。美国、澳大利亚人害怕这些国家的工人竞争，才把他们驱逐出境这一点就可以证明。如果东西方的竞争是双方民众中精英的冲突，结果可以不必过虑。但冲突主要集中在中下层人群，他们的知识水平、智力等相差不多，只是在需要上不均衡，所以结果当然是需要少的人获胜。

前面所论述的那些理论，其影响的显现时间尚早，而目前的问题较为紧急，所以我们不能不对这个关乎将来的问题进行研究了。

第七章 大学教育的心理影响

莱布尼茨说，教育可以在百年间让一个民族发生变化。但是他没有扩展论述，以说明不恰当的教育也可以在最短时间内让一个民族发生变乱。

德国科学工业和经济的发展，的确是国家百年来大学教育的功劳。莱布尼茨的话，也的确正确。而我们国人的不振作，也正是旧的教育方法导致的。所以我说，不适合民族需要的教育足以带来危害。这可悲的教育制度，只知道制造没有品行的人、阴谋叛乱的人，以及众多夸夸其谈说空话的理论家。让这些人去实验室或工厂，根本没什么用，他们只知道死学书本。

教育问题也是心理问题。我们的旧式教育，从小学到高等教育，所依据的根本原则，都是一种错误的心理。我们的大学，实在是社会发生变乱的根源。

一天午后，有一位目光锐利的高个子老人，拿着我著的第九版《教育心理》来见我，对我说："我国的教育制度是把法国引导到最衰败境地的根源，不能再用了。我是上议院议员、理学院和医学院院士、前医学教授，在多处讲学。您对于教育的观念，非常值得注意。我将在上议院发表演说，希望您能把有参考价值的作品提供给我，进行研究。"

我与这位先生素未谋面，但知道他是昔日最有能力的外科医生。这次晤谈后，这位先生又来过几次。我们两个人讨论的结果是，想要改变国人的教育方式，必须先改变主持大学事务的人的心理，再改变教授等人的心理，最后才能改变学生及其家人的心理。这困难是显而易见的。所以这位卓尔不凡的上议院议员不得不取消了他的演说。

关于教育的论著最多，所以研究起来最为烦琐。那些因为一直被民族传统观念束缚而产生的问题，也都是教育方面的。就法国的教育问题而言，可以用两句话概括：人们都承认改革的必要，人们也都知道改革不可能实现。

议员、教授、学者、文人都一致承认，中小学阶段是虚掷光阴的时期。大家都认为如果想要在社会中有所成就，就应该主动谋求其他途径的教育，以在第二阶段的光阴中，消除、纠正之前所得的幻想、错误和习惯使用的思维方式。

大家的意见都相同，但在 50 年间，力图改进教育的措施最终都不能收效。每次改革，只能看见教育的缺点在增加。

我论述这改革不可能实行的原因，对教育有不少裨益。从前的改革，最大的误解在于改良课程。我们应当知道的是，需要改良的地方在教育方法而不在教学课程。可惜教授们不明白这个道理，只知道靠空想来做理论式的推导，没有实际根据。那么又如何使学生理解领悟观察、思考、推究、判断的道理呢？

读者如果想了解大学人员如何被有缺点的教育蒙昧，以及不知如何探究产生这种现象的原因，我建议您读一读两位大学人员在科学求进会上的演说。一个是理科教授李普曼的演说，另一个是同专业学长阿珀耳的演说。

李普曼认为法国的各种教育成绩都非常差，而德国大学的教育及其在世界上的影响都非常好。这种观点与他的同事的意见完全相同，但如果作为他精心考察、研究的结果，就颇为愚蠢了。可见所谓的专家，一旦离开自己所擅长的领域，就变得懵懂无知了。如果李普曼不是严谨的人，听众必然以为在受他愚弄。论及教育弊端的原因，他则认为本国教育的恶劣之处，是耶稣会传教士造成的。说到改革的方法，他则认为非常简单易行：“让大学不受政府束缚，收回授予文凭的权力。”他觉得应该这么做，是认为政府的权力仅体现在在文凭上署名而已。还从没见过思想这么荒谬的人呢。

李普曼的演说已经非常迂腐粗浅了，而阿珀耳的演说，我们也可以用同一个词来形容。他说：“政府机关能够洞察教育的弊端，并且找到对症下药的方法。这个方法就是加强初级师范与高等教育之间的相互联系。”至于改革意见，他主张“废止博物馆的一部分课程，改为全民的参与性学习。”这样就可以起到改革的作用了吗？最近，阿珀耳发觉自己的观点有些单薄，又在杂志中再次阐发说：“第一点改革应视课程是否有益而分别安排，第二点改革则应该让政府和大学根据这一点来研究课程的伸缩，从而确定要不要安排讲座。”

由此可见，这种专家并不能探究教育的真正原因。他们不研究改良教育的方法，只是对于自己能支配课程而津津乐道。

在同一本杂志中，勒·夏特列用假设的例子说明实验家与仅凭借书本的理想家的不同，以揭示和阿珀耳等人一样的大学人员的书本教育法的弊端。“假定让工程师装置西门子式生热炉。这种炉子有一百多种，用书本所教的方法进行安装，必定要花费无数时间，每天消耗无数金钱，也不能成功。最终必然要请教那些不凭借记忆力、所受教育与法国工程师不同的人。这工程师一定是本着经验，用一天来试验吹管，一天来试验煤质或灰盘所需的水量，不出几天时间，就能完成安装，所费时间和费用也很少。”哪种教育方法好，由这个例子就可以看出来。

随着社会的发展，一个民族的需要也在发生变化；对每个时代来说，

必定有一种新的必要的教育方式。只是我们不懂这个道理而已。

前外交部长阿诺托说，在法国教育中，年轻人在25岁之前纯粹是为了书本而被困在教室里的椅子上。他们经济上越来越拮据，所得的知识也越来越少。除了朗诵教科书，他们什么都不知道。如果说想要找个与社会生活不相适应的方法，真是没有比这更好的了。让我们知识界的精英生活在故纸堆中，埋头于固定规则，不讲实际，不知道自己的社会价值，这就是我们近代教育的根据。我们的自由职业（如医生、律师）大多受到这种浸染。

寥寥数语，已经将近代的教育原则阐发得淋漓尽致。如果还要写出它的结果，非得一本书不能完成。我们的教育所根据的错误心理，现在已经遍及各处。高等教育、中等教育、初级教育都涉及了；现在还在渐渐侵入专门教育领域之中，国家工业即将受到它的危害。

我国的大学对于人在生活中的真正价值，比如性格等，向来不注重。教职人员固然不需要这个，但是其他各种职业的人却不可缺少。

英国人非常重视这一点，看他们在殖民地的设施就可以知道。在参加印度政府高级人员考试的人当中，印度人记忆力最强，考取也很容易。但实际工作起来之后，因为性格上的缺陷，他们渐渐被辞退了。

现在引用谢莱《英国印度》一书中的一段，以证明英国人对于纯粹的知识性教育和性格培养的区别。

印度人所具有的是才能，而英国人所崇尚的是性格。什么是性格？那就是人类的纯真善良的价值。比如行事果决迅捷、不拖沓，有拒绝诱惑、试探的良知，有抵制胁迫的毅力，等等。总之是对于社会和自己的责任感。说到那些辉煌的考试成绩、诡辩一样的演说或狡黠的文字所体现的智慧，英国人则视为次要选择，仅是用在适当方面而已。劳伦斯爵士并非最有才能的人，然而这并不妨碍他被任命为印度总督。因为他有别人无法比的天才，比如正直、意志等。

至于怎么才能培养这些品质，使人能自制、守纪律，我另有研究，在这里就不详细叙述了。

我们的大学用这种死记硬背书本和凭空推想的方法所取得的成绩也就是这样的了，读者如果去德国的学校参观，一定会自愧弗如。比斯所著《美国教育制度》一书，我非常希望大家能读一读。现在引用雅克曼教授的观点，也可见其大概。

美国的教育都是以个人的自主能动性为基础。学习方法从小学一年级开始教授，随年级而发展，以实际动手操作练习为根据，就连文学也是这样。因为课程都离不开图画、模型一类，所以不用依赖教师的语言来传递。这就使学生能自由、自主地学习，就像课程是为他单独设计的一样。等到专门的和实验性的知识，学生都是自己在仪器中观察现象，求解原因，探究规律。其他各种课程，哪怕是最抽象的问题，也用具体的形式来表示，使学生们心手如一。总之，美国的课程都是把动手能力作为教育的出发点和根据。

英国的教育原则也一样，苏格兰教育局致教师的一段公文可以作为证明："教育的第一目的，不在于获得几种具体事实，而应注重把正确研究事物的方法和习惯植入儿童内心，使他们知晓，研究应该是个人在实验室的问题。教师的表现尚在其次。实验室的课程，教师可以先做一些必要的讲解，使学生了解他们所研究的问题。等到研究完毕之后，教师再就学生们所得的成绩加以分析，讨论学生们的不同特点，进而得出一个总的结论。教师的作用在于评判这一结果，在于指引学生，诱导学生，使学生们知道新问题的兴趣所在，而不应仅仅陈说已有的成绩。"

这种方法并不是新生事物，各国大多已经采用。德国经济和科学的昌盛，大概就是因为这一点。只有拉丁美洲的国家还是固守成法而不变。他们不能改变的原因在于，首先需要改变的是教师、学生和家长的心理，尤其以改变教师的心理最为重要。而这些人的心理是被旧式教育形成的，产生于书本，还要受书本的引导。他们就要死在书本中了，还怎么能知道有现实世界呢？

所以想要改变教师和学生家长的心理并不容易。他们希望大学能做到的事情只有一件，那就是使青年能迅速通过考试。而想要能应付考试，非得死记硬背书本不可。死记硬背的方法固然能应付考试，而事过境迁，转瞬即忘。求学之道哪能这样呢？偶尔有一两个教师知道动手实验的方法虽然不足以应付考试，然而可以锻炼思维，从而主张使用，却被大学里的管理者排挤。即便每天都提醒他们说，学生把有用的时间用在无益的死记硬背、应付书本考试方面实在太可惜了，可是这种提醒并不起作用。学生家长们的意见也一样固执。那么导致大学这种积弱的状态没法改变，到底是谁的罪过呢？

普通的小学教师们对于教育方法的意见，往往高出学院派。现在转录马恩郡小学教师联谊会的一段宣言，可以证明上面的说法。

“教授知识不是简单表述，而是使学生们有自己的见解；不是直白地告诉，而是诱导学生们自己发现；不是盲目地带着他们走，而是把要走的路指给他们看。所谓教授，不仅是教点知识，更应该使他们能观察、能思索、能自己做决定、能自主行动。”

常常令人感到惊异的是，最激烈的社会党派会在教师中招募成员，从师范院校开始以至于小学都是这样。《意见日报》曾就此事发表了他们的调查成果，说高等师范学校的学生多半是激烈的社会党成员。实际上等于说，他们多数是臆想破坏社会现状的人。

这种心理状态如果用大学的主流观念加以印证，其实不足为奇。大学的死板规定是以文凭作为区别人才的标准。最低的是毕业生，稍好一点的是学士，再好一点的是博士。比这几者都高的是助教。当教师获得了这种种头衔，都以为自己是卓越的人才，自命不凡。等到发现自己并不为人所重视，薪金又微薄，于是只好指望着重建一个新的社会来展示自己的才能，提高自己的地位。然而如果在现实社会中好好看看，人品的鉴别的确不能仅凭考试文凭来区别。

尤其能够加剧这些人的怨恨情绪，从而反对社会的，是义务兵役制这一新法律。义务兵役制迫使这些人到部队服役，不得不受制于行为粗鲁没有学问的部队长官。一个社会之中，如果毕业生、学士等人认为自己被愚昧的人统治，却不希望改良这个社会的情况很少。这个反对爱国主义和反对军队主义的现象的主要原因之一，原本产生于大学中的上层人士，而今天则已经成为小学教师的普遍观感。

这就是教师们所以逐渐趋向于最危险的无政府主义理论的原因。如果教育部长意志坚固，还不难预防、遏制。可是现在的教育部长是民主政治的奴仆，而小学教师们则是民主政治的主人。部长们逢迎还来不及呢，怎么还敢触犯他们的威严呢？平等的观念膨胀成这样，大学教育又是这种现状，真是值得叹息呢。

即便如此，我们的批评还是不能太过分。这些朴实的小学教师是高等教育培养出来的。他们奉为经典的书本，多数是大学教师所编定。措辞的怪诞虚妄，甚至只有宗教法庭时代可以草拟出来。其中甚至有改写拉·封丹的寓言字句的情况。《渔夫和小鱼》的故事可是尽人皆知的呀。

九

我阐明教育基础的心理原则的作品，似乎很受读者欢迎，从多次再版的情况就可以知道。但它对于大学教师的影响非常微小。这些人被拘束在课程中，所教授的东西自然不超出课程规定的范围，所用的方法当然也不会超出他们自己求学时的方法。

不过，普通大学中对我的观点似乎充耳不闻，但其他方面却不乏反响。我想要说的是培养未来将领的陆军大学。这个学校似乎没受普通大学的影响。之前的博纳尔将军，现在的毛德会上校曾把我著的《教育心理中的根本原则》作为教授将校军官的方法。最主要的是“教育是使自觉转入不自觉之术”一语。郭色少校所著《军队及统帅心理》一书，也是根据这一原则展开论述并出版的，现在已经大见成效。这些都足以证明，人在应该说话的时候，即使只有自己一个人在说，也应该说出来，不要犹豫。

由改革教育制度所引发的教训不少，如果立法者是在现实经验中探求改正之道，而不是仅仅着眼于目前的利益，那么差不多就可以知道一点了，那就是国民的精神是不能用法律来改造的。法律，我敢再次断言，

把它用在体现一个国家、民族的心理状态方面是有效的，然而它不能自己创造这种心理状态。

将来不知要经历多少次经济失败，才能明白处在科学及工业主导社会发展的时代，想要在民族生活中承担重要任务，需要有几种能力。成为未来科学、工业、商业的主人，需要有主动性、观察力、刚勇果决、判断力、自制力等种种能力。这是教育应灌输给人的，我们不妨在未来试一试。

议会的教育调查委员会委员长黎波说，我们的教育应当为社会的痛苦现状承担责任。我现在把他的意思引申一下：我们的大学是法国社会诸多危害中的一种。

第三篇

民主政府

第一章
精英与群众

今天的社会有一种不断膨胀的问题，如果不解决，恐怕某些民族将沦陷于野蛮势力之手。

智力进化产生的差异导致了社会地位的截然不同，这是今天文化的特征之一，但却不为人所知。现在虽然也有各种平等之说，和各种并不见效的法律尝试，但智力方面的差距还是日渐明显。因为这是人类社会自然需要的结果，是不受法律管辖的。

现在，各种专业科技的进步已经成为近代文化发展的真正动力。由于这些专业科技错综复杂，非得有广泛的学术理论和实验知识，以及英勇无畏的自主创造能力才能达到。这就是精英们之所以高出寻常人的地方。领导者能力越来越得到展示，而寻常执行人的能力越来越被削弱，劳动分工和专业化以及机器改良致使劳动者的任务越来越简单，几乎不需要复杂技能和知识。

阶级之间的差别日益明显，他们之间的壁垒鸿沟也日益增大。教育的力量很少有能超越这一界限的，因为它仅仅教给人一些单薄弱小的能力。那些被平等的欲望蒙蔽的人，发现精英们的出类拔萃势在难免，哪能不受到刺激进而愤恨呢？！事实上，精英们的功绩怎么能够埋没呢？科学、艺术、工业的进步，没有精英人群，是不可能实现的。今天的工人工资比百年前要超出三倍，而他们所享受到的安稳便利，是路易十四时代的达官显贵们也享受不到的。与其说是这些普通人在为精英们劳动，不如说是精英们在为普通人劳动。

精英们的责任继续增加，他们的辛苦也随之增加，八小时工作法并非是为他们订立的。今天的各种发明和进步，全是精英们的孜孜以求、勤奋劳动才实现的。他们固然可能成为让盲目追求平等的人士受刺激的富豪，但工业界的精英们的最后结局，不外乎贫富两个结果，很少有能中和两种结果的。如果什么事都能在事前正确预料、计划、指挥，必然会富裕。然而如果稍有错误，破产衰败也会随之而来。外表看来固然奢侈，光鲜亮丽得令人羡慕，但实际上却需要惨淡经营。比如创办工厂并安装当时最好的机器，可一旦新发明出现，意料之外的竞争就会纷纷出现，他们不得不重新谋划盘算。有时竞争的惨烈，新发明的迅速，甚至令企业家不敢尝试。

历史上，古人致富是让别人贫穷而自己富有，如罗马人让别人破产，以增加自己的财产。今天，人们致富则是在自己富裕的同时也让别人富有。达维内耳的话可以证明：“封建时代私人争斗盛行，人们都是破坏邻居的产业让自己富有；其后则是用所谓的公共事业消耗国家的财产，以让私人得到好处。现在的情况则是自己富裕了，邻居、国家都富裕。”

今天这富裕的源头，并不是从普通民众那里盗取，或是从国君手里获得的，而是出自科学，如取自虚空一样。一人获利，众人都可以获利。

所以今天这种利，真可以称得上是“利益众生”了。

近代的文明是精英们创造的，其存在和发展进步也要依靠精英。想要解释本章开始所述的问题，需要先明白这个意思。现在说明如下。

一方面，科学的进步促使知识、能力都超群的精英们开始管理近代社会生活；另一方面，政治观念的进步又赋予下层群众以民主统治的权力。如果群众能在引导文化发展的精英之中选择代表，这个问题自然可以解决。只是他们选择精英的情况并非常例，以致精英与群众两不相容。承认精英的必要性是今天的当务之急，然而却并不为人所接受，这种不协调从未如今天这么明显。在资质超群的精英人群中，也有贫寒不为人所知的人。这时候，精英与群众还能相容。至于工商业中的精英，往往因表面的奢华而常受社会法律的苛刻对待。这些法律是群众代表所制定的，用以剥削精英们的财产。这就是今天这个社会存在阶级差别和冲突的常见情况。

精英们是国家生存必不可少的，而多数劳动者又想要摧残他们，就像古代的蛮族要摧残罗马一样。那么如何使这两种人相安无事呢？问题固然难，但也不是没有解决的办法。考察历史的教训，群众虽然表面看似具有革命的本能，然而实际上是最保守的人。群众常在破坏之后，又重建他们破坏的事物。所以那些扰乱社会、专事破坏的人，其实并不能长久改变一个民族的进步过程。只是如果破坏太多，那些毁于一瞬的东西，再建设可能需要数百年。所以最好的办法是应当首先避免破坏行为。

避免的方法非常简单，限制人民的权力就行了。但观察一下各国，民主已经成为一种需要，所以反对之说很少有效果，想要限制它也不容易。既然不能避免，就应该寻求适合的方法。所谓适合，就是让精英适合民主政府，对那些怪诞偏执的思潮因势利导，就像工程师筑建堤防以御狂澜一样。

从理论上说，赋予平民以主权这一说法的不合理性，与宗教理论相同。前人已经生活在宗教之中，今天人的生活也大多不离开宗教。从历史教训来看，人类适应荒诞，比适应理性更容易。但换句话说，其实是二者都可以适应。

从实际情况来说，如果没有那些空想政治家把错误观点和怨恨情绪植入工人大众之中，那么让精英适应群众并非难事。

这种错误和怨恨是双方对抗的依据。想要消除这种对抗，需要等待群众自己觉察出真正的利益所在——精英的绝迹或衰落会导致群众自身的贫苦落后。

让工厂没有资本家管理，一如工团的想法；或者把工厂交给政府的代表来管理，放在百年前科学技术以及各种专门产业不发达的时候或许可以试行，但今天这种组织是不能实行的。这个简单的道理，我们无法使群众明白。社会党的成员们置身于现实社会之外，每天都生活在幻想之中，以传播空想学说为事业。现在引用 1910 年 2 月社会党大会中，某位工人代表所主张，而且经众人赞成的说法，以证明这种行为的荒诞。他说：“只有一个方法可以使你们获得解放，那就是用全民的产业代替资本家的产业。这些产业都由你们来管理，使你们由薪资的奴隶变成自由的联合的生产者。”

工厂由工人管理，犹如没有船长的船被水手驾驭，仅能短期支持。工厂被国家代表管理，或许可以多坚持几天，但如果代表不肯改变，那么经营的退步指日可待，工人工资也将随之减少。

这种道理浅显易懂，我国的数百万民众却似乎并不知道。然而在外国，这个道理已经渐渐传播开来，尤其以英、比两国明显。因此这两国的社会现状才没有出现如拉丁民族社会的激烈形式，也没有爆发阶级战争。

这么简单的道理还不能完全理解，可见在民主社会实行新的教育的必要性。新教育的第一个目的，就是让人明白知识、资本和劳动这三要素之间的关系。

在等待这项改革完成之前，我们应当和群众生活在一起，并先学着认识他们。

我们应注意的是，平民政府并非就是平民统治，实际上是领导者统治。在这种情况下，群众只能接受领导者的意愿，而不能表达自己的意愿。一味地接受顺从之后，群众就会像被催眠术控制了一样，把领导者的意志激烈地表现出来，这就是所谓的舆论运动。

群众从来不曾自己创造出这种运动，而仅仅是给予这种运动以一种不可阻挡的推动力而已。当西班牙人费雷尔执行死刑时，巴黎人民还不了解这个人的品行。几名领导者率领数千人攻击西班牙大使馆。群众并不了解这件事的原因经过，但被演说鼓动，变得激烈起来，开始暴乱，抢掠杀人，无所不为。当时的领导者们都很惊惧，于是下令改在次日进行和平游行。结果，这同一拨群众，昨天还暴烈到极点的人，第二天却表示出一种可以作为模范的温和。

如果管理群众的方法得当，群众全都会极端顺从。这个办法，今天的著名领导者没有不知道的。

由此可见，群众统治是一种表面的民主统治。今天的政府其实是少数领导者的政府，离真正的平民政体还很远。

舆论既然是领导者们所造的，我们就应该知道他们的创造方法。这样，群众心理的作用就显现出来了。这是民主国家的政治家的必备知识。15 年前我已经知道它的重要性，所以首先著述《群众心理》一书。而今天，探讨、研究这一问题的人就多了。

这里我无意历数群众的性格，只列其中较为重要的，在最近的时事中有所表现的而已。

列举之前，我要声明的是，《群众心理》虽然被陆军大学采用授课，但政客们还不知道呢。这些人天天矜夸群众的温和、群众的判断、群众的良知，其实这几点都不是群众的性格。群众当然有时表现出值得称赞的美德，如为某某理由而牺牲，但他们从来不能做出判断。历史经验就在那里，不信的话可以翻出来看看。

我们的立法者误解了群众的心理状态，以为群众知道感恩，知道以德报德，于是特意订立不起作用反而有害的法律来讨好群众。殊不知群众深深鄙视懦弱的人。因为他们一经威胁，就开始退让，无异于自己夺走自己的名望。订立这种法律的结果，只是让领导者们知道可以用武力威胁来迫使他们退让。所以，当订立铁路雇员养老法，给予铁路雇员以军官、法官相等的养老金之后，这些人知道可以用威胁来达到目的，于是又群起而要求增加工资。这个要求必然会得逞，这还用怀疑吗？

现在想要论述的，是群众心理与个人心理的差别。他们的思想方法、行为方法以及利益都有区别。

群众的性格不能一一列举，但应该知道的有这样几点：群众没有理性，追求简单，容易受到感染，盲目轻信等。想要让自己在观念上接近群众，必须使用简单的可以用意象比喻的话。如资本家就是懒惰的，大腹便便的，吸工人血汗的中产家；国家就是宪兵和军队；教会主义就是教师的政府；社会主义是让资本家认错，并让工人不做事就能生活的政府，等等，这样的话。

政客们都知道群众不能同时理解几种观点，也不明白激烈语言的功用。所以在选举的时候，他们常用一种所谓选举跳板达到目的。如把教会的几十亿法郎、教会的危害、所得税之类的内容互相援引，以引起到说服的作用。

英国人对于这种方法运用得更加巧妙，常使用一些容易留下印记、容易感染人的比喻。他们最近这次选举，足可以证明简单标语口号的力量。英国人选举的时候，标语贴得到处都是，但看不到类似拉丁民族竞选者的连篇累牍的解释。把党派的全部政见统一起来，用几句凝练的语言高度概括。比如投票给激进党，就是投票给反对英国海上霸权的行为等话语。我们都知道英国海军的强大，英国人视海军为骄傲，崇奉海军如宗教，一旦听说有人要遏制海军，自然反对。

画家的力量尤其能增长这些标语口号的气势，暂且举他们对选举起到决定性影响的一种绘画，可见一斑。画的左面仅仅写着“1900”，下面则画了一艘大战舰，比喻英国海军，旁边画了一只小船，代表德国海军；画的右面，也仅仅写着“1910”，下面所绘的德国战舰，几乎与英国大船相同。看见的人就知道英国的祸患已经在瞬息之间了。这资料的真伪没有人真会去检查。因为想要检查事情真伪，就需要各种知识以及推论、评判的本事。而这种能力正是群众所缺乏的。

这种方法的运用，大体上是根据普通人群的心理知识，如易感动、轻信、需要反复说教等，这些都是应该知道的。至于英国选举不能达到想要的结果，议院里两党人数势均力敌，不分伯仲，这是因为竞选双方都知道使用这种方法，用的是同一种兵器，所以都不能见效。

因为群众容易感动，容易盲目行动，所以想要操纵他们很容易。群众会因一时冲动而把某个人推举到殿堂上成为英雄，也可能因一时冲动而把他投到塔尔皮亚岩成为罪犯。罗伯斯庇尔失势之前，被巴黎平民崇奉为神，可是他上断头台时，追着他的车欢腾咒骂的也是同一批平民。

马拉的遗骸被运送到先贤祠时，群众的欢呼喝彩声不绝于耳。数年后，同样是马拉的遗骸，又被同一群民众丢弃在沟渠。克伦威尔也曾受到同样的待遇。

群众是如此不可理喻，所以领导者就应该利用那些能够让他们兴奋感动的事情，来让他们产生情绪；如果对手也是用同一种方法，那么只有获得呼声最强烈的人能取得胜利。

激烈行为的必要性，在英国最近这次选举中已经体现出来。英国的部长们向来以循规蹈矩著称。可是他们对群众发表演说的时候，却用革命时期那些激进派的口吻不停地诅咒诋毁对手。劳埃德·乔治对公共演说时称上议院是“把可怜的懦夫集合成可悲的无能者，既没有良心做善事，又没有勇气做坏事”。类似的毁谤词句，各部长常用。

研究平民心理应该注意的是，相信权威以及一种下意识的推卸责任，使得他们易受刺激，同时还有一种自尊心。近期发生的事情，经过本书列举证明的，已经不少了。

无论群众的感情是哪一种，在程度上常常是过度的。群众的自尊心过度就不用说了，而他们的卑微服从的态度也是别人不能比的。如果遇到有名望的人，这种状况更明显。我们曾经说过，革命委员会的荒诞、苛刻的命令被各个工团小心谨慎地奉行。

这种群众的心理状态古今如出一辙。1790 年德国人康帕在笔记中叙述了群众的自尊心和自卑感随着时代而发生变化，就可以证明。笔记所述的，是国民会议中塔吉特宣读《请愿书》的情形。

塔吉特激情朗读《请愿书》：

“国民会议谨……”

下面呼声和蹬踏声四起：“不用‘谨’。不用‘谨’。删去这个字。”

“……呈于陛下之足……”

骚动、呵斥、拒绝的声音更大了，墙壁都在震动。

“最憎恨‘足’。国民会议无论什么都不能在人脚下。”

塔吉特非常狼狈，做出无奈的神情，接着读。

“‘国民会议与陛下’……”

叫好之声四起：“……‘贡献’……”

反对的声音四起：“不用‘贡献’。”

……

当天的会议情形始终这样。这个德国人既恐惧又失望，于是离开会场。次日又去凡尔赛宫，看见民众向国王送呈《请愿书》的情景，突然觉得心中大快。昨天那些尊严不可侵犯的立法者，一看见路易十六出现在门廊下，立即全都变成狂热敬慕君主的人。昨天最傲慢的人，现在却或者跳在桌子上，或者攀附在柱子上，或者踮着脚，一同赞赏说“这是位仁君”。“伟大国王万岁”的声音震动整个宫殿，然后民众就恭顺地跟随在国王身后到礼拜堂去了。

群众的缺点固然如前所述，但也不要忘了他们的优点。由于他们不会逻辑推理，所以利他主义非常发达。这是社会的美德，对社会颇有好处。那些知道按照逻辑研究推导事物规律和本质的的人，常常存有自私自利的心，很难决定为公共利益而牺牲生命。只有群众才有这种克己奉公的力量。即便一件事看起来很虚妄，也常见有千百人冒死进行。大帝国的建立和发展，多半得益于群众的协助。群众固然不能创造文化，但可以凭借着勇敢、忠诚、顺从的特质保证文化的存在。

群众心理的特性还有轻信。他们轻信的无限度，就像儿童一样。在他们眼里，没有什么事是不能做的，没什么东西是得不到的。如果群众想要得到星星月亮，你也要许诺给他们。政客们向来拒绝这种许诺，但在选举中不妨诬谤对手，群众常信以为真。但你不能诬谤对手犯重罪。如果这样做，不但不能减少对方的价值，反而会增加群众对他们的感受。大概是因为群众对于重要的罪犯，常常怀有一种敬仰吧。

无限度的轻信不全是群众特有的感情，我们平常的心态也是由轻信构成的，还没有谁会以怀疑为基础。我们对于自己所从事的事物的了解具有一个限度。一旦超过这个界限，我们便表示怀疑。但千万不要相信怀疑论者的学说。这些人只是改变了人们所信仰的东西而已，如用空想的天堂代替神话故事中的天堂，用稀奇古怪的东西代替宗教神明。

群众的轻信与原始人的轻信几乎相同。制造传单广告的人明白这种心理，更明白承诺和反复诱导的作用，所以常常赖以获利。比如正是凭借广告的作用，很多制造虚假药物的人都变成了巨富。

如果在广告的诱导性上做足文章，向那些思想简单的人传递可以获得重大利益的信息，那么所得的利润尤其丰厚。无数财政家生活在这种情况中。他们的广告编辑都不用想象，只要在同一事情上做出相同的承诺就行了。《环球报》所载的关于阿根廷从没存在过的某股票的历史，可以代表同类问题。他们每六个月发布数百万传单，不停地说马上有巨额红利要分配了；又说如果这时购买股票，将来价值应该增加十倍。小资本家信以为真，唯恐失去机会，纷纷争相购买。所谓的红利是不可能得到的，这还用说吗？但五年间，这件事没间断过，因这种充满欺骗性的广告而获利达 1200 万之多。其实股票的实价与纸价相差不多。

同样的事情非常多，列举不过来，姑且就同一报纸所载的内容加以论证。

储蓄者的轻信无法估计。他们不问证据，也不问真假，只相信听到的许诺和断言，只听凭虚假迷惑人的宣传愚弄。对方手法越是拙劣，他们越会相信。即使这个希望明明没有用，明天就足够证明它是虚假的，他们也不管不顾。

把这种情况推及政治领域，就可以知道某人和某种政策得以成功的原因了。许诺一些妄想的东西，给群众无法证明的承诺；而对于对手来说，这又相当于在增加竞争的成本。这是很有效果的方法。

我们虽然都处于普遍的轻信当中，但也不能说绝对有危害。因为文化的原动力从没有像现在这样强大。正是因为有了这种轻信，值得欣慰的强大宗教及强大帝国才能成立。因为有了这种有益的轻信，维持国家长久盛世的习惯才足以保持。国家的信仰，理想的信仰，未来的信仰，这些心理生活的主要因素，都靠轻信维系着。一个民族没有信仰，就会失去精神动力，社会关系也会随之被破坏，国势自然日渐衰微。所以那些怀疑主义者，其实是加剧本民族衰落的工具。

第二章
怂恿之源

在民众势力得到扩张的情况下，政治事变往往发生迅速，这是公众和政治家们所不能预测的。事变发生的迅速，土耳其革命曾有所体现，用时数日便推翻了数百年政府的邮政员工罢工也体现过。他们的罢工宣言都是在最短时间内发布。西班牙巴塞罗那之乱，和平市民都变成杀人强盗，焚烧修道院、教堂，挖掘坟墓。

这种意想不到的事情的爆发，如果用理论来解释，是不能说明真相的。想要探究原因，必须撇开理性的理论。因为这些理论只能让我们自己空想事变发生的原因。

这种种事变并非出于偶然，而是产生于不自觉的情绪，同时也有规律可循。根据这个规律追寻探究，还不能完全明白。但有一件事是我们确信不疑的，那就是这种倏然发生的变乱，常以领导者的煽动蛊惑为起点。我想要特别说明的是，这些人是怎样行动的。他们的行为，从我们的理性评判而言，实在是值得蔑视的，但为什么却能这样迅速扩展开来呢？

童年时，我在外省一座小城的大街上得到一个心理教训，至今不能忘，并且花了30年的光阴才找到答案。

让我记忆犹新的不是教训，而是送给我这个教训的人。那个人穿金戴银，不是伊朗的高官，就是亚述的州长，或者印度的贵族富商，具体身份不好判断。他的马身上也有名贵的装饰，他驾着古式的车，车上设有宝座。这个人后面站着两名武士，兵器耀眼。长喇叭中发出响亮神秘的呼声。四周围观而且敬仰的群众越聚越多。这个人忽然举手一挥，四面俱寂。他于是起来向众人宣告。群众也俯首聆听，没人敢喧哗。他所说的是什么事，我离得太远，没能完全听清楚。只知道他来自远方，用廉价的药饵救治一切疾病痛苦，保证人人幸福。他刚说完，喇叭声又响起来。群众目眩神迷，竞相购买这灵丹妙药。我当时非常想学大家的样子，只是苦于兜里没钱。这件事后来尤其增加我的悔恨的地方在于，据说这种药粉治病非常有效。但也有本地的药剂师说这药盒里装的是糖。然而，一个寻常商家与身穿华服又有武士随侍的僧正相比较，说出来的话当然无足轻重。

随着时间流逝，我在学校学到了一些没用的知识。我还记得师长们教过我的，构成我们的信仰和领导者行为的，是出于理性的理论。但这个僧正的神药的功效，我还是没忘。为什么书中所讲述的，和我眼中所见的迥然不同呢？既然我们的行为是受理性支配的，而这明显虚假的药粉却能治疾，那么它的威力在哪里呢？

这个问题，我几乎无法解决。思索时间长了，才领悟出，这凡夫是知道运用产生自民族生活和历史的根本原动力。他所卖的，是引导世界不灭的无形元素。这元素就是希望。一切宗教的主教、各时代的政客所卖的，和这个有区别吗？

这个人能够成功地推销自己，是复制了宗教创造者的故事，依靠四种重要元素来加固围观者的想法。这四种元素，第一个是可以诱导、强迫民众想法的声望，第二个是没有证据的承诺，第三个是让人相信的反复灌输，第四个是使人的信念由弱变强的精神濡染。这四者是怂恿宝典的四项根本元素。如果理论家告诉你们说，理论应该在其中，尽管由他们说，你不必相信。

这些元素，无论何事，无论何时，都可以使用。你如果是个普通的江湖术士，可以用它们来卖药。你如果是个地位卑微的投资人，可以用它们来卖廉价债券。你如果是强国的皇帝，也可以用它们来让你的民族、你的百姓做出重要的牺牲以建造海军。

这种怂恿的元素，只能用在情感上。实际上就是用在我们的行为习惯的起因上，对于智力来说则不起作用。如果教师或学者想要讲解一种试验，就不宜使用。因为通常这些听众是要探究客观知识，而不是为了追求信仰。

知识和信仰二者有区别。从前柏拉图已经说过它们建立方法上的差别。一个人竖立信仰容易，探究知识则很难。知识含有证明、阐释和推导的过程，而信仰则不需要。怂恿宝典的重要元素只在于一点，那就是能适用于创造以情感为基础的意见和信仰。这种意见和信仰，引发了我们大多数的行为。谁能创造它们，谁就是我们的主人。

如果演说者针对听众的智力方面演讲，必定没人相信，也一定没人愿意听。只有用动作、口号和活灵活现的词语，才足以影响听众的感觉，进而影响他们的意志。

能让群众有所行动的方法，已经在前面详细论述。但还有一种个体具有的元素，不能一概而论。这种元素颇为复杂，合在一起说，就是诱惑。

演说家中善于使用诱惑手段的人，出自个人魅力的诱惑，比言语方面的诱惑更有用。听众的精神犹如古琴，每一次响动，演说者都能知道他们的声调，揣测着应该说哪些话，以及如何说话。至于庸常的演说家和胆小的政客，只知道一味谄媚取悦，盲目地奉承听众的意愿。但凡要真正操纵人，就先用诱惑。群众或女子一旦被诱惑了，就只有一个意见，那就是诱惑他们的人的意见；只有一个意志，那就是诱惑他们的人的意志。

诱惑者似乎具有神秘的吸引力。一旦有了这种力量，只要简单下定论就足够了，不用再说什么大道理。至于大演说家在发表演讲时，有时会做一些明显的解释，这是因为他们知道文字的怂恿方法，与言辞怂恿方法区别很大。不过即使是这样，个人巨大的声望也还是能在文字中体现出来。大著作家卢梭等人，并非是靠着最平常的论据说服人，而是因为他们的声望足以使人信服。

诱惑者只有一个劲敌，就是深深印刻在听众心中的信仰。如果这种信仰侵入智力、知识层面，那么一切接触到它的事物都会被粉碎，信仰就像是一堵墙壁，不能越过。

磁石的吸引力固然通常都够用，但也不是常常够用，还需要其他性质的辅助。这也是演说家需要考虑的。现在就次要的善于言辞这一项来说一说。语言想要怂恿人，需要先表达思想，并且能把这种思想灌输给听众，然后让周围群众一起感动。让听众听从摆布之前，要先与他们一同感受。这就是安东尼所做的。他在恺撒遗骸之前发表了一通最机敏巧妙的演说，这个演说在刹那间就使得那些对刺客表示同情的听众，变成预备报仇的人。

无论寻常群众或是精英集会，这种怂恿的元素都有作用。先揣测听众的思想，然后顺从他们的思想，接着使他们反过来服从你的思想。

关于这个原则的功用，塔迪厄的著作所述的当代大演说家之一，当时的德国首相布洛的事迹，可以证明：

政治会议中，演讲技巧的精要在于觉察听众的期望所在，如果演说的一方和听众的思维能相互接触，就会稳操胜券。布洛是精于此道的人。他对于听众情绪的应变能力无人能及。他演说中有应付、讨好时人的话，曾再三宣称德国的发展以及值得骄傲的地方，如“德国不愿被其他国家踩着走。……德国不愿旁观。……德国不愿孤立”之类。这固然是人们寻常习用的话，但常用的并非没有道理。他知道议员们多半是庸庸碌碌又自负的人，只有这种常见的说法才能取悦他们。他操纵公众情绪，犹如操控一盘棋局。

群众的轻信无度，前面已经说过。所以他们被人诱导而相信遵从的那些观点，势力并不大，因为这种信仰不能持久。历史中的少数时代，牢固的信仰可以保持一定时间，如第一次十字军东征、宗教战争和革命时代中，信仰成为不可阻挡的潮流。然而今非昔比。那些苍白无力的革命社会党人对于维持社会秩序的人敢大呼小叫，却在群众面前畏畏缩缩，还怎么能激发群众，煽动他们行动呢？

领导者的任务，在各个时代都已经有明显体现，人们也早就已经知道了。但心理学家们的解释并不充分。如果想要充分地加以解释，非得在意识范围中探究不可。这大概也是我们的行为原因和思想形式发生变化的地方。

这个意识范围非常神秘，往往有很多事情发生，即使动物心理也是一样。引领我们接近这个还不可知的领域，科学仅仅能够观察表象，还不能深入内部进行探索研究。

这个领域既然不可知，那么我们就应该探索、观察那些最容易的事情。关于怂恿，我已经举过几件事做例子。当然只是大略举例，因为如果要每一个都举到，非得写成一本书不可。环境的怂恿、报纸的怂恿、各个委员会的怂恿、个人利益的怂恿……可以引起心理学者注意的内容非常多，但还没有人进行具体研究。探讨这件事，比讨论康德等人的各种理论，或者讨论宇宙本体更为有用。不过，讨论起来也更为困难。

加固民众信念的重要元素，还有精神濡染这一点不可忽略。这是骚动得以扩展的根本元素。邮政员工的罢工、巴塞罗那之乱，都由此而起。

这种骚动是领导者们所倡导的。最开始是因为公众的不满情绪，让群众对这种骚动有了一定程度的接受、容纳；接着就用濡染这一武器，使群众处于骚动情绪的包围之中。

濡染的责任非常重要，大多数历史现象的发生，都是因为这种元素。没有它，无论多大的信仰都不能成立，基督教、伊斯兰教、佛教都不能传播。而所传播的，其实只是精神濡染，而非理性。

大革命时期的舆论运动，以及构成一个时代精神的众多事件，都是借助这种精神濡染得到扩展普及的。处在今天的环境下，濡染的行为尤其重要。因为群众的时代已经到来。

三

想要鉴别群众及个人行为真正的起因，就不要忘了情感和客观知识的差异性。研究二者的规律互不相同，所以不可同日而语。这个观点多次成为我写作的指南，哲学家黎波也在他的书中反复论述其重要性。

即使这样，现在的人还是固守成见，用客观知识来解释情感，以致二者混淆难分。我们只好另辟蹊径，将纯粹的情感现象单独提取出来。应该牢记的是，客观知识的理论与情感无关，也不能用它来解释由情感引发的行为。

那些博学的作家深受严格理论的教诲，所以他们建构历史时，纯以理论为材料。殊不知影响民族前途及其文化的重要事件，都是由心理原因引发的。换句话说，大事变的发生是非理性的。理性创造科学，而非理性创造历史。

第三章
工人的心理状态

我不愿意掩盖、忽略近代心理学者们所进行的有益的新探索。能够仔细观察两栖动物和蛛形纲动物，当然是因为他们对此有浓厚的兴趣，但我常常不理解，这些心理学者为什么不去研究社会生活中每天都能见到的事物，探究它们的原因，或许可以发现一些重要的规律。这功绩不是更大吗?

可供观察的事物很多，至于它们常能令人惊讶，则是因为近代的心理学还没有提供确定的规律。

德拉韦伊城的叛乱及类似事件，都是不可预料的平民骚动。事件突然发生，常让人惊愕。大概是因为人们还没有明白民众心理需要发泄。人们都记得德拉韦伊城的民众接受劳动联合会的命令，持械暴乱。军人为避免被屠杀，只好被迫自卫。结果则是大多数工团加入劳动联合会。活版印刷工人罢工，以阻碍报纸出版；电业工人罢工，巴黎城一夜无光。

这些事件，没有研究过平民心态的人，是无法做出解释的。而事发之后政府采取的笨拙方法，又可以证明向来自称明白事理的人，也不了解群众心理。

德拉韦伊事件的表现颇为特别，因为这件事之后没有产生任何异议，错误都归咎于其他方面，而道理都归在这一面。也难免要对违反法律、激烈攻击保护私产的军队的行为进行惩治。因为无论什么样的政权，都应当尽自己的职责。

由此可见，政府方面的理由很充足，但工人们却愤怒地责备政府。这是什么原因呢？答复这个问题之前，应当知道群众是服从煽动的，讨论他们行为的动因是否合理，并没有什么用，应当从深刻影响民众内心的方面来认识。

想要知道动因的力量，需要思考一下幻想对于平民精神的影响。不认识它的效用，就是不了解历史。当一连串事故频繁发生时，理性的作用非常小，而幻想的力量非常大。千百万人常因为尽忠于幻想而死，强大的帝国也凭借幻想而建立。

现在，虚幻声望的力量比之前更大。群众之前就受到虚幻想法的迷惑，现在仍然没有脱离，只是这种虚幻的想法改变了说法而已。

研究工人的心理状态之前，应该先将群众共有的普通性质说明一下，然后再论述工人特有的思维方式和观念。

群众，不必非得是聚集在一起的人群。当报纸、电信等媒体发布了带有诱骗性质的信息，即使是互相隔离的人，精神也可以相通并联合起来。群众既然是互相之间有联系的，于是产生了这样一些性格，如刺激性、没有恒心、愤怒、轻信、没有一点鉴赏评价的能力、没有受理性影响的能力、崇奉某一人物如同偶像、有服从主人的需要，等等。他们最激烈的举动常常是被几个领导者煽动的结果。群众已经准备在暴君面前跪倒、拜服，只是这暴君常换人而已。这种情况，从古到今都是一样的。

塔尔德说："群众之间的相似性是有一定痕迹可循的，如非常不宽容、可笑的自尊、病态的轻慢恶毒、完全出自幻想的毫无责任感的狂热、互相影响产生的无限制的冲动情感等。或崇拜，或憎恶，或颂扬，或嫌恶，或者高呼万岁，或者诅咒亡灵，群众真是不知道平和中庸的道理。"

这种心理特性在民众的大型运动中常能见到，德拉韦伊骚动就是一个例子。工人们服从几个领导人的命令，猛烈攻击军队。军队的反攻，反而激起全法国工人界的公愤。这些人与其他群众相同，大概自以为是地觉得自己应凌驾于法律之上，于是和这些聚集闹事的人集合在一起痛骂政府。政府的罪过，大概只在于没有让军队放弃防护坐等屠戮了。斯达尔夫人说得对："群众自负心理的刺激，是死亡的必要条件。"

至于群众盲目听从领导者的命令，不但能在与军队发生激烈冲突时见到，变乱被镇压之后又相继发生的两次罢工，也可以证明。活版印刷工人的罢工是想阻碍报纸的出版，但罢工的目的仅达到一半，因为领导者们互相商讨，不能果断地做决定，以致延误了时间。至于电业工人罢工，成绩就很大了。因为命令是在最后时刻发布的，不再等待讨论，只是强迫各处实行。每个工人都接到如下的严格命令："委员会命令一切工团成员于1908 年 8 月 6 日星期四午后八时停工，只能在十时开工。署名 P。"

P 先生被大家服从的程度，即使如俄国皇帝或其他的独裁君主，也比不过他。或许只有高僧可以与他相比，因为他是神的化身，权威很大。

报纸对于这种独裁者的宣言，也谨慎地加以登载了。据报纸所载，P 先生是反对军制的人。他蔑视政府，并严厉谴责国王，不许国务总理用军人代替电业工人，并称将要颁布法令加以告诫，等等。

这位蜉蝣式的有权人，把总罢工当作神杖一挥，工人们就被他利用。他的权力固然大，但我有一句忠告：千万不要以为权力大就可以倚仗。这时民众表现出来的精神状态，其他人也能加以利用。群众固然容易服从，但也是善变的。所以没过多久，这位 P 先生就被群众遗忘了，遭遇和南方叛乱的首领一样。为他着想，可以努力争取去一所大学的实用心理学专业任教，把他操纵群众的权术，教给各政党的政客和工人领袖。因为这些人对这一方法都很无知，而他正好精于此道。

为什么说这些人不知道操纵群众的方法呢？我是从联合社会党在德拉韦伊事件后的宣言中看出来的。这些人虽然被工团联合会的领导者鄙夷詈骂，却还是不知羞耻地表示说："与罢工和奋争中的领袖、各工团同心协力，今昔如一。本党参与群众团体的一切行动。"这无异于某报所说的："把自己的威严和权力送给了劳动联合总会的领导人。"这种奴隶心理，可能由从前教徒服从教皇的精神而来。但把这二者相比较，我们更看重那些服从教皇命令的信徒，而不看重听从罢工领导者召唤的政客，因为前一种人不是图谋私利。

如果不了解宗教精神的威力，就不能明白那些聪明人为什么与闹事者合谋屠杀军人，为什么要让报纸停刊，为什么要让公共生活停滞不前，也就不会明白那些如罗马皇帝尼禄、黑利阿迦巴鲁斯一样想不到的新奇事情。

这些人能从卑微无耻的服从中得到什么呢？只能换来他们愿意服从的主人那明显的鄙弃表情而已。

社会党议员固然不明白这种心理，那些维护社会秩序的人的见解也十分可笑。报纸所载的某位温和派议员的意见，说德拉韦伊事件的发生，是因为表决工团所要求的法律不及时。猜测他的意思，似乎认为西部铁路收回之后，应当迅速颁布所得税法，把公民的私人财产状况公之于众，好让社会掠夺。总之，议会对于革命工团的命令，是无条件服从。其实工团已经表示出轻视改革的态度了。而政府仍然不断服从、永远服从。恐惧心理的力量，已经这样危险了。

想要详细讨论恐惧心理的结果，可以在电业罢工的第二天，到国务总理那里看看。当天，总理把巴黎六位电业段长召集到自己家里，商议善后方法。一个三百万人口的城市不能听命于少数的工人团体，这是理所当然的。所以总理劝他们开除工人，用工程队的军人代替。六位段长中，只有一人赞成，其余五个人宁可服从工团领袖的命令。

群众所蔑视的是懦弱，所敬佩的是刚强。历史中从来没发现有凭借怯懦震慑别人取胜的现象。其实更换电业工人非常容易，各段的机器都是自动运行，工人的任务非常简单，无论什么人，只要简单学习就都能操作。对于电业段长的懦弱，各大报纸莫不责备。《时报》说："自从社会发生变乱以来，衰弱的征兆，没有比这次更过分的了。革命派的放肆态度不足担心，需要担忧的地方，是任何方法都不能治愈的怯懦。政府想尽到自己的职责，而职员却不想给予援助。不愿意帮助政府，却愿意受工团打击。"

如果私营业主们不愿意自己多加防备，不知道好好利用平民心理，他们被赶下台也是指日可待了。

三

工人的心理状态，除前述的普通性格外，还具有自己的特性。这种特性原本产生于一种小观念，现在这种观念已经成为固定理论，基本上靠反复说教和濡染两个办法形成。

这种观念很简单，也很错误。劳动联合会的宣传人员用下面的说法表达。他们大致认为："工人是社会财富的创造者，但利益却不属于工人，而属于那些没有创造财富的人。"想要纠正这不公平的地方，应当为工人破坏现在的社会。想要达到这一目的，必须有"固定的便于资本充公，以及能用公共计划改造社会的团体。"

现在委员会所用的方法，就是命令工人屡屡罢工，要求增加工资，使企业的利润逐渐减少，直至消失，运动才能停止。这种运动不断扩张，在旧的企业中进行很容易，因为旧企业的管理者既威慑于运动的威力，又不顾股东的利益。所以他们不断退让，直到利润降至零才停止。也就是说，将来股票的价值，也要减到同一数额了。

由这种状况引发的明显结果，则是新的企业寻求投资人的困难。股东们已经处在这一境地，当然必定会向外国公司投资。货物在外国生产、在法国出售的名单已经很长了。工人没有远见，只顾眼前利益，顽固不化，非得要在已经衰落的道路上行走，这跟杀掉一只产金蛋的鸡有什么区别？

这种工业界发展的趋势是在走向深渊，而现在情势更加紧迫。这是由那些一知半解的制造混乱言论的学者的愤怒诽谤所导致的。这种学者，自负于由背诵书本所获得的文凭，自认为应该享有高尚地位。但社会并不重视他们的才华，所以他们诅咒诋毁社会。还有比他们更不懂引领当代文化的实际状况以及经济需要的人吗？

工人们已经被这种大学生产的降级者误导，确信自己是最不公平的制度的牺牲品，于是不免偏向于闹事这种方式。这是平民最容易产生的幻想。最寻常的手工业者臆断自己的收入与付出不相当，剩余价值被资本家攫夺。却不知道财富的真正创造者是农夫、工业家、工程人士、学者，等等，总之是工人以外具有能力的人。手工劳动当然足以对机器工业有所帮助，但近代工业技术不断进步，使得手工操作日益受到限制。电厂的工作只要少数工人就足够用了。这一点前面已经说过。大部分工业，如汽车工业之类，工人手工劳动的价值仅占制造品成本的五分之一，那么手工劳动的报酬还不够吗？如果与中产阶级中的无数法官、医生、工程师、律师、官吏相比较，他们二十年的劳动收入，还有不及工人所得的。何况还有培养这些职业的教育费用，成本可不低呢。

巴黎的多数工厂中，姑且以前述的汽车厂的工作为例。手工劳动的最低工资，每天已有六法郎。这是大学中已经获得博士学位的人当助教的薪金。而工厂中的熟练工人，日薪还有达到十三四法郎的。

在平民的幻想中，有一点是希望人类能在知识、智力水平上平等。他们认为工厂管理者收入过多，认为平常工人管理工厂或公司，和有学识的人是一样的。其实工人们已经有过这种经验。在能力方面的不足，他们应该有自知之明。工人们自创的企业做出成绩的，是可以数得过来的。

这种嫉贤妒能的心理日渐普遍。大城市如布雷斯特、第戎、鲁贝、图卢兹，大多选举普通工人、车站的运输员、庸庸碌碌的人做市长和市议员。其结果的危害性，尽人皆知。财政大量消耗，政府组织被迅速破坏。所以改选时，人们都尽力摆脱、清除这些人。

其他各地也得到同样的结果。阿尔萨斯·洛林的最近一次选举，在斯特拉斯堡、米卢斯两个城市都不再用工人。在米卢斯，出于行政混乱局面的考虑，市议会议员改选时，竟然没有一人再重新当选。

民族只有接受经验教训，才能发现错误。经验虽然足以让人破产，但有时也应该推行。因为它有危害，同时也有好处。如果使法国全国的自治区全被社会党派的工人统治，必然会让全体民众产生对社会党的最深的厌恶。到那时，群众或许就能知道不平等是自然条件决定的；知道实际能力是最大的权威，是一个国家创造财富的根源；知道实力只属于具有高等知识的少数精英，如学者、工业家、艺术家、工程师、被选拔出来的工人等。更需要知道真正的资本是智慧，并不是那些只知道幻想的愚夫所能攫夺的。

第四章
平民思想的新形式

就目前的结果所见，邮政员工的罢工与其他罢工没有什么差别。如果就远因观察，这件事是民族历史变革的一个新现象。

一个社会将分化为无数个小群体。这些小群体只有爱本团体的心，而没有爱国心。如果有利于本团体，即使牺牲大众利益也不管。邮政员工的罢工已经证明这种小群体分化的开始。他们对待社会的其他人，就像对待围城中的人，务必让他们与外界断绝关系，忍受饥荒。即使因为这种公共生活的停顿导致社会的衰败，他们也不管不顾。

这种以团体自私心理代替大众利益的事情，大多数外国人都感到惋惜。英国最重要的报纸《时报》说：“观察现在的罢工，表明法国国民的生活已经陷入一定的险恶状况。真令人惋惜。”

如果欧洲现在的恐慌可以由战争顷刻间解决，那么法国的军事力量恐怕会在几天之内被消灭。真这样的话，那么一种可怕的灾害将不可避免。

当此危难之际，一部分政府官吏却不忧虑，可能是因为他们缺乏常识，或者是没有哪怕一丁点的爱国心。

一部分公民对于大众利益的蔑视，是这次罢工所得的教训之一。同时还有其他的教训。

这次罢工的突如其来，是社会新力量形成的结果。它在暗中发生、成长、壮大，人们都看不见。等到这种力量自认为足够强大了，才在盛行于议会的国家主义面前挺立起来，并以迅雷不及掩耳之势获得成功，以此来表明它足以承担责任。

这种让人猝不及防的势力的增长，不只反对国家职权，而且也反对社会党的势力。社会党还在庆祝这次罢工的成功，真是盘算错了。

邮政系统员工的罢工之所以能获胜，是因为国会逐渐失去民意，只知道订立没有意义的法律，苛刻地对待全社会的民众。

人们大多知道邮局女员工到教堂做弥撒却被政府免职，大家都为这件事打抱不平。所以公众对于罢工者表示同情、接受，跟这件事未尝没有关系。

这种平民意愿的新变化，把我们带进一个混乱倒退的时代。大革命时期曾经用自由的个体代替团体，现在团体又得到重建；当时也曾经废止人头税，以避免纠察；而现在纠察也恢复了，比从前的宗教苛政还严酷。旧日的苛政，现在都逐渐复苏，只不过是改变名目罢了。将来民众唯一的自由，恐怕只有怨恨我们现在的做法而已，工团管理下的政体不会容忍其他方面的自由了。

这种罢工发生得突然，又缺乏理论基础，足以证明它发源于群众的一种新的心理状态。发布罢工宣言时，邮政员工自己都很难明白其中原因，这从他们的宣言中可以看出来。1909 年 3 月 19 日《晨报》所载的罢工委员会中央会议的宣言说："我们向来不把罢工当作保护职业的方法，这次罢工，是因为邮政部副部长塞班对我们女员工的侮辱，所以全体人员都抱不平。"

显然，把这当作让一个国家的生活停滞的借口，罢工的理由不充分，邮政员工们不得不再寻找其他理由。于是他们找到增加个人福利这件事。所谓增加个人福利，也不过是把每三年自然晋职这一期限，提早三个月而已。这个理由也不充分。所以，实际上罢工是另有原因的。

邮政员工的地位特别高，15年来，自认为已经是选举活动中的主要力量，他们所提的要求，没有不被满足的。他们的薪水比大多数官员都多，也比大多数工人优厚。而他们所接受的教育，仅仅是初等教育；但他们所做的事情，又比其他人的简单。

指挥罢工的人，年薪有6000法郎。即使成绩考核中最不好的员工，45年后也能有4400法郎。参与游行的员工也有5500法郎。养老金是薪水的三分之二。工作勤勉的员工，每三年能晋升一级。差一点的，晋升时间也不过就是被推迟三个月。当时，公布晋级令的时候，报纸已经表达了政府机关的宽容，因为晋级只有年限的标准。既然境遇已经如此优越，他们为什么还要罢工呢？这是群众过分浮躁骄傲的心理导致的。

《时报》论述过这件事的原因："10年或12年来，历任部长、副部长都把博得属员的好感作为制定政策的出发点。对于属下人员的要求，部长、副部长们都认为是合于原则、易于实行的，于是加以承认。如果这种要求用命令的形式表示，尤其容易被满足。大概是当权者认为可以避免冲突。于是这种命令形式的要求成为常例，而其实是在酝酿更大的冲突。"

政府官员对工会代表极尽谄媚之状。据说工会的领导者每星期都去政府官员家里吃饭，副部长对于人员的任用、升职以及下级官员的任免等事，都进行咨询。没过多久，他们因为某件事发生争论，双方之间态度冷淡。至于争论的原因，则是因为政府经费不足，无法满足工会日益增长的要求。这些工会人员，在这些政府官员面前习惯以主人自居，突然发现对方开始抵抗他们，哪有不愤怒的。因此在1909年3月12日，出于最琐细的理由，派代表去见部长，要求取消人员升迁的方法。但这个要求没有得到满足，愤怒之下，他们吵吵嚷嚷地出了办公室，来到电报总局，鼓动人员闹事罢工。于是次日邮电人员聚集在一起，一致表决，决定实行罢工。

这件事情的结果人们都知道了。政府在几天时间里也做了空泛无力的抵抗，并以开除作为威胁，而且也得到了议会的帮助。可是不久就完全屈膝宣告投降，态度实在卑下。掌握大权的政府竟然屈服于闹事官吏的命令。罢工代表宣告胜利时曾经说："昨天我在国务总理办公室看着统治者们几乎要跪下来求我们平息冲突。我觉得我们的势力如此强健，是因为我们有决心。"

罢工人员不久就明白了这次胜利的主要经验，所以他们的某位代表说："因为这次运动，我们得以知道了'主人'一词的意义。据我们的认识，现在已经没有'主人'了。我们不是属员，而是与他们共事的人。我们是平等的。"

这代表还真是有些过于谦虚。与其说邮政员工是共事的人，不如就称他们为主人较为恰当。

其他人都知道了威胁的手段可以满足要求，没有所谓道德的约束加以抑制，于是都纷纷提出要求，即使城市中的警员也一样。

工团的领袖P先生，是最富有经验的心理学者。自从经过这件事之后，他总结出一段理论："执政者铸成了一个不可宽恕的大错，那就是让属员们知道了从前自己没有觉察的力量。”这个人明白纪律的价值，所以知道使官吏服从的方法。他曾对众人说，如果他命令将负责主要事务的官员丢进汽锅里，人们也会立即服从。幸运的是这种威胁性的措施实行得慢，否则就真的危险了。

社会党派对于这次的胜利，也在他们最重要的报纸中进行了评述：“工人们既然知道自己拥有电报、电话、邮政系统等斗争武器，那么如此大的力量与其用在今天这种为满足一个特别要求，或免掉一个副部长职务的罢工上，不如用在决定性的时刻，为解放大众而奋斗。”

既然已经走在退让的道路上，那么最终就会停止在堕落的地方。这就是我们今天的所作所为。

报纸最近还刊载，国有大型企业的董事会将派一名书记加入宣告打破现有秩序的革命式联合会。这个报道暂时还不能辨别真假，但执政者的恐惧态度是可以想见的。

倡议罢工的人的胜利虽然是暂时的，但他们将要达到的结果从长远来看却是可怕的。现在仅就近的方面说一说。我们即将看到事实上早已经开始的社会秩序的完全破坏，财政及公共事务被颠覆。各种破坏的速度快慢固然不一样，但结果却是必然的。现在这个社会能够凭借的唯一的力量——道德，也已经全部被粉碎了。

这种现象并不是一天形成的，而是由来已久的。那些急功近利的政客不断以不可能达到的承诺讨好选举人。现在，选举委员会、小学教师和酒商们，已经成为我们的真正主人。有他们这种共事的人，还能有什么希望呢？一切秩序、一切纪律、一切对于公共事业的忠诚都逐渐毁灭，将来必定会重蹈罗马、雅典和意大利共和国的覆辙，用扰乱社会秩序来为最残酷的独裁政体做准备。

对于邮政系统员工罢工所造成的混乱状况，也应当寻找解决的办法。但政客们沉浸于法律万能的空虚幻想里不能自拔，于是建议用法律来惩治骚乱。政府于是提出限制官员地位的法律，用于惩治罢工的官员。向来以严肃闻名的某家报纸也认为这方法有效。但试问，万人罢工也能用免职或坐牢阻止吗？没有人相信这种可能的。最近这次罢工，也曾经用免职来威胁，有效吗？没有。

他们解决的方法可不止这一种。议会在进行讨论时，愚蠢的更多。某位思想简单的议员甚至建议把副部长管理具体事务改成部长管理。

其实解决的办法只有一种。当时第二次罢工发生之后也曾被迫使用过。电业罢工时，如果不是段长们怯懦，邮政系统罢工又怎么会相继发生？比如一支军队，敌人在前，逃跑又不可能，于是只有两种态度可供选择，或者自己过去接受俘虏，或者战斗。如果选择退让，就等于听任胜利一方的处分。如果选择御敌，或许还可以战胜；即使败了，结果也不过跟前面所说的一样，而且还能保持名誉呢。由此可见，唯一的解决办法就是，政府与议会同心协力，与罢工的团体力量战斗。

电业员工、铁路员工和其他政府官员或许会与邮政员工联合在一起，民众生活或许会被扰乱，巴黎在几天之内或许会发生饥荒，战斗也或许会很严酷，但胜利是必然的。如果一味怯懦退让，那么将来就会有不可避免的战斗。而且今天军队还值得依赖，将来或许连军队都靠不住了。秩序和革命这两种原则是不能并立的。一个民族经过的动荡再多，但也没见过谁能一直处在像我们现在这样的革命的环境中，还能生存发展的。

这个办法非常好，然而政府不敢采用。因为有几个部长在没进入政府之前，就曾经煽动罢工。他们与罢工人员是互相通气的，又怎么敢抵抗呢？

那么这种社会力量的对抗不能得到缓和、解决吗？从理论上来说，这种对抗仅仅具有表面上和解的可能。从实际情况而言，困难重重。因为其中一方的力量是出于情感的，不能用理性来触动。怨恨、愤怒、羡慕、渴望，以及口号的魔力，被另外的力量约束，不是理性所能达到的。

由此可见，需要发生改变的是精神，而非政治制度。而精神由经济需要产生，常常是我们力所不能及的。

改变群众的错误心理状态，平复他们的嫉妒和愤怒情绪，并不是件容易的事情。我们当前的这些政客，距离明白社会不能任意改造、国家并非万能的宗教、民族改革要根据群众心理的发展进化的那一天还很远呢。

现在的邮政员工罢工所体现的工团主义是最危险的。所谓危险，并不是指他们追求财富的目的，而是说他们的纪律和毅力。今天的议会已经失去信用，各个党派分化成没有实力的小团体，还怎么抵抗呢？

根据过去的经验来观察，一个社会常常被这样一些果敢的人掌握，他们被一种虽然没有实际价值，但却很强健的希望控制。大帝国的灭亡和能统治人类精神世界的宗教的创立，都是这样的人造成的。

新观点在哲学理论上的薄弱，并不能妨碍它的传播，因为有纪律和自由意志保护着它。而使它变得可怕，让人畏惧，哪怕仅仅是维持现状，就已经足以创造一种新权力。所谓权力，大体上就是一种势力的延续。

第五章 失去人心的议会和竞卖加价方法

法国革命刚刚开始的时候，砍掉反对派的头还没有成为一种习惯，而圣茹斯特已经在觊觎德穆兰的人头，只是还无法办到。这位著名的政论家在生命将尽之前，在《老科德利埃报》中发表了最后一次意见。这篇文章大家应该没看过，我如果不是偶然发现共和二年十二月二十日（1793 年 12 月 20 日）的那一期，也不会知道。

这篇文章证明革命的最初阶段，那种竞卖加价方法正在严重地危害民主政治。德穆兰对此感到忧虑，于是举罗马时代的一个故事来反驳这一方法。

这位著名的政论家说，当时罗马有一个共产派议员名叫格拉古，常常向人们承诺不可能实行的事情，人心逐渐归附于他。他因此被元老院忌惮。元老院为了保持威望，反对这共产议员，于是贿赂收买了一个无党派的人，名叫德鲁苏斯，用加价法诋毁格拉古。如果格拉古要用 4 苏一磅把面包卖给平民，德鲁苏斯就比他的价格低 2 苏。这就是大致的方法。没过多久，格拉古就失去人心，以致那些昔日崇拜他的人，群起而攻之，一同打碎他的头颅。元老院的得意之状，是可想而知的。格拉古死时，很少有人怜悯他，后世人更是不关心这件事了。

这就是故事的大意。这位著名政论家的论证竟然没有能听懂的人。处在现在这种不断加价的情况之下，民主政治必定会陷入粗暴、动荡、混乱的境地，岌岌可危。

从表面上看，加价方法是战胜敌人的良方。社会党的议员许诺在该党获胜之后，给各位选举人 6000 法郎的年薪，那么别人也可以让数目翻倍，再答应赠送一辆从中产者手里抢来的汽车。大家的许诺都像真的一样，加价法就这样没了限度。但如果最后兑现时差得太多，也是有害的。

加价方法这么方便，所以政客们随意使用，这已经成为积习，直到现在人们才觉出它危害很多。

许诺很容易，兑现却很难。许诺的人固然可以借口政党反对而稍微延缓期限，但最终必然会被选举人发觉，发现受到了他们的欺骗。现在议员因为加价法而失去民心的已经不在少数了。

这种立法家，当然不能说他们没有热心，只是因为没人能创造不可能的东西。何况他们所许诺的，的确是不可能办到的。他们所订的法律，总是与自然需要相抵触，不但不能救济民众，反而会日益加深痛苦。不断地加价，比如议院已经表决了每年要耗费 8 亿法郎的工人养老法之后，又表决了每年需要耗费 2 亿法郎的铁路人员养老法。如此种种，相关人士是明知道这种决定的谬误的，所以才听任上议院核减数目。

民众刚开始还被华丽的许诺欺骗，现在已经有所觉悟了。当选人在选举者投票时，表现得非常谦卑，现在对弱者却非常强暴。而且他们的承诺也很难实现。在今天的情况下，议员一方面是他们的选举委员会的奴隶，另一方面，对于那些为他投票却没有兑现承诺的人来说又是暴君。所以他们的地位不见得有什么好羡慕的。庞加莱所描写的外省一个公证人的生活可以作为借鉴：

“他曾经抱有很多幻想，但很快就都破灭了。刚开始他受选举委员会的左右，等到当选之后，他也试着摆脱他们，自主做事。但人们告诉他说：这可不是闹着玩儿的。于是他不得不也加入一个党派，寻求依靠。于是，同党或者有关联的人要求得到棕榈勋章、请求救济帮助、谋求职位的信件纷至沓来，他又怎么能不受外力胁迫呢？”

没过多久，他当了部长。刚刚任命，就有二十多个想要谋取显赫职位的热血青年找到他。尽管他勉力地拒绝，但还是不得不任命他们做主管事务的正副官员、协理官员和办公人员。

在他的理想中，也想实现治理社会的目的。但现实中内阁会议的集会就使他绝望了。他只好尽力避免麻烦，好让自己能任职时间长一些。即便如此，他还是免不了下台。对于这种境遇，这个人又疲倦又厌恶，于是偷偷回家乡去了。

有一种议员，刚刚进入议会时，也意气风发；等到融入群众之后，就变得无能为力，进而无所作为了。左派政党议员拉博里就是其中之一。他曾经发表如下的意见：“议员关心公共利益的主动态度，竟然等同于零。”

议会行事没有标准，没有秩序，没有诚意，不能监督那些用欺骗行为获得表决的方法。议员因为对选举人施舍了所谓公平正义的恩惠，所以都得到部长的认可。

议会和政府都被日渐强大的民主政治要求，以及财政界少数保护自身利益的财阀所挟制。所谓的政治生活，就是用加价法和贿赂三种强权来不断调解社会矛盾。其中两种强权，是过激的民主政治和金钱。

议会根据眼前利益，轻率地表决通过法律。四年中，让我得到如下教训，即议会中那些具有良好意志和正直思想的人，都是徒劳无功的。

加价方法的使用是人们厌恶议会的主要原因之一。具有这种反对心理的公民非常多，后面另有论述。现在所说的，是由这种方法产生的政府行为。

出于加价的心理习惯，人们自然而然地向威胁行为妥协。大家都担心别人退让，所以自己先退让。考察威胁的来源，常发生在工人之中。所以议会不问反响，不怕招致怨尤，制定了很多社会法律。

这种可怕的社会法律给整个社会带来龌龊腐败的东西，给财政带来沉重负累，也严重妨碍了工业发展。某个大的海上航业公司总经理，最近论述海洋航运衰落的可悲局面，基本上就是这种法律造成的。这种规定限制了工业发展的道路，使各个工厂都不再使用学徒，导致儿童犯罪的人数以千计。老人的救济费用，每年需要9000万法郎。根据正式报告，这些费用都是选举人的津贴。如果加上在酿酒业花费的上亿法郎，工人养老法上花费的几亿法郎，以及预算费用和工业发展的重负，还有出于个人利益因为担心而加价，最终结果也就清楚了。

立法者们都不考虑通过一项法律的后果，还用说吗？往往表面看来不重要的法律，其耗费却是非常大的。根据1908年4月2日巴黎《市政公报》所载某市议员的报告内容，新制定的工人法律的结果，是使市政部门每年要付 60 万法郎给为水力工厂供给煤炭的公司。

市议会想要诉苦似乎并不合适。因为市议员们使用加价方法，并不下于政客们。根据《环球报》所载，巴黎市议会实行的所谓的人道主义方法，致使巴黎各个电车公司的股东年损失 7500 万法郎。电车公司发现资本全部被消灭，营业只有损失，所以不分配红利给股东。社会党对这种情况必定会叫好。但恐怕将来股东们罢工，市政局将不得不自己维持公共事务的运作。那么受损失的，将是一切纳税人，即使社会党也包含其中。到那时候，这些人才会明白经济规律的威力吧，然而也为时已晚了。

现在，加价方法、人道主义和恐惧心理已经是控制我们的因素了，即使加以批驳，也不见得有用。这种危害只在没有固定心理特质的民族中流行，而民族的衰败也将随之而来。

议会失去人心的主要原因已经很容易明白了。由随便承诺而产生的不切合实际的幻想，这是其一。为实现这种不可能的承诺而勉强进行的行为，以及搅乱商业、工业、财政生活，这是其二。为了实现承诺而虐待不同阶级的人，这是其三。让所有信仰国家威严权力的人失望，这是其四。

现在就对社会各界都反对议会势力的扩展这一现象进行论述。

教徒和旧教信徒们反对议会就不用说了。他们是国民中的大多数。议会先是掠夺他们，接着是包围搜查，最后是虐待，以让他们向压制自己的人表示好感。哪有这样的事呢？所以他们反对的理由很正当了。

在小学教师和大多数官吏中出现反对的情况，理由固然不太合适，但他们也是出于同样一种厌恶的情绪。其实，再也没有能像现在的共和政府这样，为小学教师们考虑的人了；但结果令人失望的程度，也没有像现在的共和政府这样的了。近来小学教师联合会加入了劳动革命联合会，就可以看出他们的真实想法。

现在纯粹的官吏人数约为八十万。他们的要求越被满足，反对的势力就越大。如果不能加以控制，将来必定会使我们受更大的危害。不只为预算带来极大负累，而且他们将取代其他所有权力，在国家中形成许多小王国。如果他们的欲望得逞，政府暂时可以依靠他们的力量。一旦不能让他们满意，他们就会像邮政员工那样，纷纷起来反对了。官员们现在所要求的，是取消各部的权力，把它们分散到行政机关，让政府成为行政机构官僚们的专制垄断组织。如果真的这样做了，还不如拥立一个暴君。因为暴君弄权也只是暂时的，不会太久，人们还可以期待结束的那天；至于这种无名的专制统治，和不可能被消灭的官僚苛政，是足以让我们断绝希望的。

然而我们已经被这种情况胁迫，处于不能自主的境遇里了。试想百年之中，在法国，我们已经推翻了多少政体、多少元首、多少部长，到现在为止，只有官员们的势力没有被触动。无论何种荒废、颓败的形势，都只看见他们的势力在增大。所以将来，他们成为我们的唯一主人的那一天，是指日可待了。

四

20年来，工人从立法者那里得到的好处，并不少于小学教师和官吏。然而立法者们要面对的最激烈的敌人，也还是工人。不必成为马基雅维利这样的学者，也已经足以解释这种现象了。这是群众心理中铁的规律的结果。群众只知道恭敬服从于一个强势的政府，对于通过威胁手段所得的满足，决不会感恩。蔑视懦弱者，常是这些人的规则。

广义上说的工人，狭义上说的劳动联合会，都反对议会，这一点毋庸辨析。他们反对立法者的愤恨情绪普遍指向各个党派，尤其愤恨社会党；对于教会党则稍显宽容，或许是因为他们的心理状态与这些人相近。

现在，工人们梦想在激进的民主专制政体之前，树立起一个平民专制政体。他们深信凭借自己的神秘能力，劳动阶级可以实现中产阶级所不能实现的普遍幸福。

罗素先生说，早听说过议员们都有许愿的本事，又天天听议员们宣称，民众是一切事物的主人，享有一切权利，没有义务。无论什么事情，只要有愿望就能达成。现在，大多数群众都已经相信了这一点：议员是他们的臣仆。

“不需要政客，不需要议会，只要直接行动就够了。”这是今天的平民领袖的箴言。

社会党成员也感到了反对情绪在逐渐增长，也曾经试着用谄谀方法来取得民众的宽容和接纳，然而最终归于失败了，甚至都不敢出席工人大会。即使偶然出席发言，也必定会被人呵斥。1909年5月21日《时报》所载巴黎议院的德让特参加工人会议而遭到羞辱，就可以证明了。

工业家和资本家反对的理由不同，然而却非常正当。因为他们是国民财富的真正源泉。他们不能对政府表示好感，不仅是因为政府不曾保护他们不受破毁焚烧，以及其他种种暴行，而且还因为苛刻的社会法律正逐渐妨碍工业发展。而现在，他们只是在等待最苛刻的租税来把他们产业剥夺尽了而已。

博丹在《实际政策》一书中说，现在人们不想宽容对待的原因，是“社会已经不是由精英们所代表”。就表面而言，这句话似乎是对的。然而，对于精英的需要程度，再也没有比今天更迫切了。精英的职责不但没有消失，而且将要大大增加。没有精英，就没有科学，没有工业，就没有物质文明。这样的社会，是属于窘迫、困苦的奴仆们的低层次平等，是社会党所希望的最衰败的情况。

由此可见，议会已经自己创造出这么多不同的敌人。这么多阶级都表示出厌恶态度，唯一没有反对的，只有中产阶级。他们不反对，是因为漠不关心，冷淡对待。我常常引用多尼亚克先生的话，现在再举他的说法如下：

“法国的中产阶级人数很多，已经被多次革命影响，对于各种政体都冷静、平淡地对待。”

既不是保皇党，也不是君主主义者，更不是共和党。他们向共和国投票，是因为现在是共和国。他们有最强的保守性。但他们所保守的，是现在存在的事物。他们也有很深的忠诚度。但他们所愿意表现忠诚的，是能给他们提供平和安宁环境的人。如果某个政权失败了，他们就会变得像不认识那些人一样，因为那些人现在已经没用了。

议会令人失望的原因，是外省议员的暴虐行为。他们想要当选，不得不把委员会的怨恨变成自己的怨恨。对于非本党的公民，一定会残酷对待。卢贝在当总统之前，也当过下院议员。《新闻报》所载的对他的访问说："在县区选举中的单选法，使代表制堕落到可悲的程度，还怎么指望保持呢？这种选举制在外省已经改变了形式，它所造成的危害，巴黎人竟然还不能理解。"

"不给我投票的人就是我的仇敌"已经成了一句口号，没有人会违反。冰雹降在对手的田地中，或者他们的牲畜遭受瘟疫而死，和我有什么关系呢？只有必要的选举者才享有抚恤金，其他人是不能得到的。家产颓败只是咎由自取，谁让他们不在选举获胜者的行列呢？在中央集权时期的法国，这种风尚可以长久存在，但已经超过了一定限度。恐怕不平之声最终将变成普遍的舆论声音。

智慧超群的人对如下议院的态度已经非常严厉了，从均选共和委员会的宣言就可以看出来。署名的都是学院、大学、工人界、律师会的知名人士，如卡诺、布夏尔、克洛斯特、达斯特、班勒卫、阿尔芒、迪尔、福雷等。这个"等"字之中，大约有50位这样的优秀人物。这宣言的深刻含义是，精英们正受着过度压制，这宣言是在鸣不平了。现在节录宣言如下：

"县区单选制的沿袭使用，使得那些令人无法容忍的败坏的政治、选举风俗一直存在。比如当选官吏的人品，行政上的专制行为，法律执行中的专制行为，用私人恩惠代替公平正义，公共事务的混乱，个人私利重于公共利益等情况，数不胜数。应该解放那些被迫服从议会的议员，彻底执行选举权，应该使人们有道德和尊严，应该用观念的斗争代替人的竞争。”

议会制既然有这么深的积弊，为什么还能存在呢？因为它是文明民族唯一可行的制度，所以各国都采用。无论议会制的元首是世袭的君主，如英国、比利时、意大利等国；还是选举出来的首领，如法国、美国等，立法者常是议会，管理者常是部长。欧洲最后的专制政府，如俄国、土耳其两国，最终也不能免于采用议会制，可见别无他法。

如果一种制度与时代不适应，那么就应该追求改善之道。应该改革议员选举法，使议员能够取得相对于选举人的独立性。用我前面所说的方法，反对有危险的官吏队伍。使这些人和私人企业的员工一样，登记录用的时候，不用先约定什么，这样就能像更换奴仆一样，很容易就更换人员，他们就不至于像主人一样乖戾倨傲。

改善议会制最主要的一点在于，统治者应该有起码的毅力，不要借口缓和局势而与闹事者缔结和约。大赦的法令不断颁行，而闹事的人、放火的人、毁坏公共财物的人却越聚集越多。前面举的例子已经非常多了，我不理解执掌权柄的人怎么到现在还不明白软弱的危害呢？

政府不断发布安抚的公告，事变还是多次发生。总的算下来，社会状况更加严重。1907 年有南方两个郡的叛乱，以及军人哗变。1908 年有德拉韦伊的持械暴动。1909 年有邮政人员、海航人员罢工。梅鲁及马扎梅两处的革命罢工，使用了各种毁坏方法，甚至还有用炸药炸毁航船的。1910 年有马赛的海航人员罢工。真是不胜枚举。

如果我们的统治者这样软弱，当然不足以寄托民心。如果变乱的状态不断严重，而维持秩序的党派又一直软弱，恐怕无政府主义终将获胜。

第六章
专制政治的进步

共产主义和革命工团主义是向绝对的专制主义的进化，是当代政治的特征之一。某家大报纸举了一个例子如下：

最近，在赛特发生了一件工团苛刻对待工人的事情。有 12 名工人被工团逼到不能劳动的境遇。换句话说，让他们不能生活。那么这些工人犯了什么罪呢？因为他们在最近举行的罢工中，不愿意附和众人而接受了别人的雇用。

其他地方受工团迫害的情况，都没有赛特这个城市严重。因为赛特原本就是一个贫困城市，现在又被经济恐慌所累。船运工人们的希望非常奢侈，所以罢工也就很频繁。结果现在，罢工已经把我国地中海边第二海港城市破坏无余。穷困的情况日渐严重，海岸荒凉，都看不见有航船进入港口。

类似的事情不仅在这一个地方出现，各地都能见到。刚开始还只是偶然发生的情况，现在却已经变成平常的事情了。

现象这么普遍，必定有它的原因。政治和社会事件是不会自己发生的，常常是前面出现过的现象的积累和发展。

从大革命时代一直到现在，政治辩论家的演说常宣称专制的可憎，以及自由的可爱。同时期的历史反应则相反，憎恶自由，尤其憎恶别人的自由，并且热爱苛政。我们所有的政治运动，都是围绕着什么党派在施行苛政，以及什么人在对这种苛政逆来顺受的问题进行的。自从路易十四以来，社会没有仁爱可言。当时的国家任意虐待新教徒和詹森主义教徒。今天，对待思想不同的人，也是用同一种方法，而且剥削他们的产业。我们这些小的暴君，固然不足以和路易十四相比，但他们统治的需要都是一样的。工团，是君主帝制思想的延续者。

法国所有党派都具有相同程度的粗暴的不宽容，以及相似的暴力倾向。法盖说得好："最开始对儿童进行教育的时候，教授的就是憎恶各种公民的观点。人们都知道无数小学教师在平民中鼓励这种情绪，真是热心啊。"

对专制的强烈嗜好以及对宽容的憎恶，是社会各种人所表达出来的情绪，我们只能顺从接受。最初被贵族和国王使用，接着被中产阶级继承，现在的专制权力则掌握在平民手中。要实现专制，一定还要有这些人特有的激烈手段作为辅助。这种激烈手段，社会党派还没感觉到不快。这从他们向主人谄媚求荣的状态可以看出来。那些谄媚的话，只有黑人奴隶主从各个奴隶的口中听说过，其他的时候还真没有。

一群人聚在酒店里，推杯换盏酒气缭绕的情况下，由工团的领导者提出的一切决定，政党成员都谨小慎微地听从。这种领导者和跟随他们的群众，蛊惑煽动的力量非常可怕。忠实于这种主人非常不容易，即使永远跪在他们面前，结果也是一样的。原始人不知道什么是不公平、荒诞和无能。只是这些人是大多数，自然应该服从多数人的嗜好和欲望，应该表决通过一些没有关系的法律，丢弃习惯，蔑视经济需要，反对自然规律，只顾一时的煽动和眼前利益。

这种煽动行为代表了工团和革命主义的意志，领导者中最有势力的人是劳动联合会的几名领袖。他们的专制权力之大，可以让社会党失色。但这种领导者的心理状态非常卑劣，德沙内尔在演说中曾经解析了其中的要素："这些人的心理要素是专断的、贵族的和神秘的。"

所谓专断，可以从他们蔑视议会制度，以及劳动联合会的专制领导方式看出来。所谓贵族，可以从他们轻视普选制度和民主政治看出来。所谓神秘，可以从他们相信社会将有大变革、新社会将因他们而诞生看出来。这些人自称不信神话，然而其实他们自己就生活在一个神话之中，和原始人相同。只不过神奇已经换了位置，改变了形式，平常的事情变成了神奇而已。

简单的想法代表了一种社会和政治的完全退化，代表了一种向野蛮的原始时代的复古。这就是被共产主义支配的时代。人类想要冲出这个时代，已经大费力气了。

这些人的心理状态和他们想要达到的目的，与最初的基督教徒有很多相似之处。犹太的预言家也曾反对富人，并且先告诉人们公道和平等的时代是可以期待的。教会的神父也曾与圣·巴西莱、圣·让·克里索斯多姆等宣称富人是盗贼。

对苛政的需要是我们民族的心理因素中所具有的一种情感。如果不信，可以看看同一种制度在其他民族那里所得到的结果。

不妨就举一个在各民族中都得到发展的工团主义来证明。在法国，这种主义成为一种激烈暴力的武器，煽动怨恨情绪，鼓吹暴乱，反对爱国、对抗军队，导致社会解体，危害了国家的存在。而在英国，工团主义则是一种调和资本家工厂主和工人的平和的制度，并不鼓吹怨恨和骚乱，与我们恰好相反了。

我国的工人代表团到英国调查，见到这种现象，感触很深。现在节录他们的报告如下：

“对于英国工人阶级的行为作风，我们非常惊异。他们极力向我们表达出平和友爱的精神，没有人对英国政府表示厌恶。在曼彻斯特城的劳动者聚会中，曾几次见到工友们举杯祝愿国王健康，跟我们动辄批评本国的情形完全不同。我们见工友们去参加工厂举办的招待宴会，工厂主的团体和工团之间的交际，似乎比外交官之间的交际还礼貌周到。”

这种新时代的“宗教”能否发生，我不知道；如果有，并且能赋予我们以拉丁民族所缺少的宽容气度以及对专制的憎恶，我们将赞不绝口。

工人领导者们所实行的政治行为的结果，如果用暴乱或罢工的形式表现出来，人们都能看到。然而还有一种最危险的结果，是人们看不到的。这些人持续不断的政治行动及其结果的不断积聚，将使公共事务和工业慢慢解体。实际上就是社会生活的要素的解体。

处在这种恐惧心理的影响下，劳动减少，成本增加。由于这种恐惧心理的主宰，自从电业工人罢工以来，人们不敢有最微小的举动。兵工厂造船甚至要五年之久，而英国人仅需要三年就足够完成了。

这种情况渗透社会生活，波及非常广，政府机关自认无能，不能尽职尽责的情况势必越来越普遍。官员们只顾个人利益，不过问公共事业。细节上的疏忽以及对整个机体的微小破坏不断积聚，导致灾害时常发生。数年之中，海军销毁了六艘大的军舰，这不能说是纯粹意外的天灾。

它有很多情况与民主专政相辅相成，如苛刻地对待教会、剥削私人财产、反对工商业发展等。现在又实行了所得税，税额是百年来法国所没见过的，于是成为压制个人的最大武器。经济学者们已经多次讨论过这个问题。德隆布尔所著的论文分析了多次，都说这种税破坏财政，而且不能减轻任何一个人的负担。那些社会党也知道这点，但他们深爱这种方法。他们大概是想要达到两个目的。一个是排除异党，使他们难堪；另一个是用财政方面的检查，随时了解财产数目，以便像没收教会财产一样故技重施，全部或慢慢掠夺民众财产。但这种法律暂时只能起到压制异己、减轻同党负担的作用；等到将来，这种财产检察制度实行之后，必然导致民众的嫌恶反对，民主的国家制度将与它同归于尽了。这种情况社会党还没来得及疑虑。其实他们应该知道，羊虽然软弱，但逼得太急，也可能被激怒。只不过这些人心中的专制欲望太强烈，蒙蔽了内心，所以也不值得跟他们讨论这些问题。

倾向于粗暴的政治制度和行为、蔑视自由，是法国的普遍风尚，这一点毋庸讳言。但这中间仍然有一些追求自由的具有智慧的精英，他们不愿意虐待、奴役民众。只是这样的精英人数非常少，不足以组成有势力的政党。而且现在，他们的数目不但没有增加，反而在逐渐减少。

据此，一个难题出现了：为什么数目本来就很少的精英还在减少？议员和选举人之中，不乏德才兼备的优秀人才，如教授、医生、工业家、工程师等，可是他们为什么会成为主张最激烈的颠覆学说的人呢？为什么革命主义、反爱国主义、反军队主义的传播者和领袖，大多在大学中发展呢？

如果说知识、能力与教育无关，或者说人的聪明之处不仅仅表现在知识水平上，似乎不能作为令人满意的答案。决定这种心理状态的原因颇为复杂，最主要的一点，是恐惧已成为议会表决的决定性心理因素。这个我前面已经说明了。前社会党议员傅立叶曾说："我们当中，从最激烈的政治派别到最纯粹的议会派政党，都戴着一种恐惧的心理枷锁。对于社会的教师，我们曾经向他们许诺天堂，可是现在，我们把这些信徒带向什么地方了呢？"

议员被选举委员会的声势恐吓、威胁，但他们又觉得委员会看起来畏畏缩缩，似乎不敢做什么，不能尽量讨好平民，于是他们试着超过委员会。他们想要让民众听到自己的声音，只好大声喊叫以超过竞争对手。结果说得太久了，不觉之间就连他们自己也相信了做不到的承诺。

我想说明的原因不止这一点，还有拉丁民族想用法律改造社会的错误想法。一切党派都相信法律可以救治每个人的主要痛苦，议员们也都有想要对社会有所作为的志愿。但社会的需要有多复杂，他们大多是不知道的。他们统治、管理社会，就像在科技不发达的时代，医生给人治病随意放血一样错误。

这种认为国家法律万能的观念，在法国已经成为宗教信仰一样的确定观点。无论你怎么证明，都不能削弱民众对它的信心。布尔多曾经分析过一位大学教授阐述国家职责的书。据这位教授所述，国家应保证人民幸福，及其在这世界上的平安、健康；国家履行职责应当像中世纪的教会一样。我们的民主政治教育家里竟然有这样的人。而像他一样生活在幻想之中，不知道社会的实际领导者的，还大有人在呢。

国家垄断主义对社会党的影响非常深，他们甚至主张国家可以插手一切事务，而不必顾惜一切契约和社会权利，国家可以任性行事。

这种心理状态，只有非洲黑人奴隶主才会有。然而黑人奴隶主有时候还会考虑取信于民，而在社会党看来，国家可以完全不必考虑这些。社会党领袖最近在议会上已经发表了这种主张。某位部长曾答辩说：

“国家和公司订立一个合同，当双方发生争端的时候，却只有一方有解释权。做事能这样容易吗？国家用全国民众的名义与私人订立契约，却在次日或二十年、三十年之后违约，那么国家的信义何在呢？”

这个道理非常明晰，却竟然还要进行辩论，足以证明专制言论对人心的诱惑程度之大。

四

根据前面的观察，立法者的心理状态已经有所表现，并且也做了大略的解说。而那些中产阶级的革命倾向又来自何方呢？

他们没有省察世界、描绘想象未来的能力，只好采用几种流行的观点掩盖平庸的思想。“与时代同行，做进步的人”等口号的意义，这种人怎么会知道。况且法国人都是国家党，具有从众心理，不会自己表现出差异。所以教会党、社会党、保皇党等各党派中的中产阶级，都同意要求用法律改造社会。社会党于是综合这种普遍的社会倾向，以最快的速度在中产阶级中传播。

除了前面所举的现在中产阶级的心理原因外，还应该加上他们对传统习惯的表面厌恶。没有人比中产阶级更习惯受传统的束缚，也没有人比中产阶级更憎恶传统习惯的束缚。他们明知道传统习惯的势力非常强大，不能消灭，却还是要憎恶它们，就像奴隶憎恶奴隶主一样，可同时却又不免服从于主人。

那些通达事理的人，也屈服于新的如宗教一样的普通而激进的民主党派，就像亚洲国家那些幸臣如奴仆一样听从专制君主一样，这原因也很复杂。偶尔也有具有独立意识的人抛弃主人而不服从的，比如比利时的社会党的一个前首领、上议院议员皮卡德，他曾经在公告信函中公开表达了这个意思，现在节录如下：

“我并不想离开工党，我想要离开的，是一个骚动的团体。有学识懂道理的人被传统习惯所累，跟随其后，而且出于恐惧、怯懦的心理原因，不得不采取不可避免的竞卖加价方法。我向来反对这种不宽容，出于保持人格榜样的考虑，我不愿意妥协屈服。这个‘教会’想要招募奴隶，可以到别处去找找。”

社会党的这个“教会”想要招募奴隶并不难。有了这种心理因素的发展，愿意接受比君主专制更可怕的苛政的人还有很多。今天固然还有人愿意为自由进行理论上的辩护，但群众和他们的领导者都被专制主义诱惑，辩护还能有什么用呢？

政治
心理学

第四篇

社会党和工团党的幻想

第一章
社会党的幻想

社会党的理论和我们所能看到的，蓬勃发展于各处的社会连带主义迥然不同。前者是我们所讨论的观点，而后者并不是由社会党的理论产生的。这些运动的进行，对社会党颇为不利。在国家的强硬统治下建立的平等，不仅不能改变工人的命运，而且还会阻碍社会进步。

我们反驳社会党的理论，并不是要攻击社会连带主义。大家都知道工人界的精神，他们带来了物质进步以及普遍的社会关怀。他们为了一定目的而尽力做很多事情，比如设立灾害保险，建造工人宿舍，推行养老金制度，发展卫生和教育，实行农业信贷，发展慈善互助事业等，这些都是普遍关怀社会的依据。但这不是社会民主，而是社会义务，是不能相提并论的。

之前，社会党的派别非常多。这些年来，共产主义势力迅速扩大，似乎有取代各派别的势头。他们把持议会，常常鼓动、诱惑代表们表决。只不过这样得来的胜利不能持久。所以近些年来，德、法两国出现了一种逐渐扩张的新理论，名为工团主义，现在这种理论正在侵略工人界，完全挫败、摧毁共产主义。

这两种理论明显不同。工团主义成员极力宣称两者有所区别，而共产主义成员则对此讳莫如深。尽管共产主义成员一再卑屈退让，工团主义成员仍然不罢休。所以，在党报上以及各种大会中，他们经常会发表言论，声明二者的不同。

亚眠（法国北部城市，工业中心，也是世界闻名的大学城）的大会，有一千多名工团党成员参与，并派遣了四百名代表。有人建议工团党和社会党接近，几乎被全场一致否决。

工团党通常认为共产主义是幻想。一位有势力的工团党成员曾在1907年的大会中对法国社会党领袖说："你们的理论纯粹是空想。你们大概是想要赋予国家政权所无法承载的价值。你们总是期盼将来，但即使在将来，你们也不能建造一个完美社会，不能赋予工人管理生产和交易的能力。你们只能是暂时的主宰者。你们能掌握的只是从前中产阶级所掌握的权力。你们能集中法律，但你们不能让工人代替资本家。既然不能改变群众心理、改变民族情感、增长群众能力、创造生活的新标准，那么把政权交给几个政客来操纵，是想要干什么呢？请你告诉我吧！"

不只法国的情形是这样，德国的工团党和社会党也已经分离。1906年曼海姆大会，社会党和工团党聚会时，倍倍尔想要保留自己的一点权威，竟然完全失败了。而工团党在报纸上则高傲地拒绝社会主义联盟。其中一家报纸说：

社会主义意在扩张行政制度的权力，管辖社会事务，对于个人行动所不能达到，希望以权势进行干涉。这是软弱无力的原则，只有积贫积弱的民族、经济衰败的国家才会这样。

这个道理数年前只有少数心理学家知道，现在工人们也知道了。对于评论家们主张的民主专制代替中产阶级的空论，社会党中有见识的人大多反对。伯恩斯坦说，平民的专制，犹如俱乐部里的演说家和文学家的专制。

社会党见工团党频繁攻击，不得不忍耐最激烈的言论，如反对爱国主义。他们的党报在第一版画了一幅画，寓意工人撕碎了写满我们光荣历史的国旗。但这种最卑屈的退让，还是不能阻止社会主义的解体。现在他们只能在一些小教堂里互相对骂了。

他们的理论派报纸叹息党内的政见不一，对自己也有所忏悔和反省。1908 年 1 月 15 日《社会主义运动报》说：

社会主义已经逐渐陷入一种不可解脱的恐慌。它在 20 世纪发动了很多启发希望的光荣运动，现在却在向最可悲的破产境遇行进。工人和革命的社会主义身边，竟繁殖了很多怪异的、毒菌一样的社会主义阻碍它的生长。前面已经有国家社会主义等附带各种形容词的社会主义；现在又有爱国的社会主义。那么照此看来，资本社会主义会在何时出现呢？

共产主义的空想色彩已经被多数人发现，然而仍不能阻止它在议会中壮大声势，以及订立有危害的法律，所以我在本章专门论述它的危害，至于工团党则在另外的章节论述。工团运动的危害也不小于共产主义。大概后者来自空想，而前者则产生于近代的经济需要。

社会主义的主要目的之一，就是抑制天然的平等，建立社会地位的平等。达到的办法，则是废除产业和个人财产，以及所有工业由国家管理。这个理想代表历来穷人反对富人、无能者反对有能力者的冲突形式。这种情况有史以来就存在，一切民族都知道。古希腊就是因此而失去独立，古罗马就是因此而导致共和国的覆亡及帝国的建立。

法国革命不太热衷于社会主义。他们最开始固然已经宣布了平等，但在没收贵族和教会资产之后，便急忙宣布产业是社会秩序的基础，是神圣不可侵犯的。当时虽然也有几次财产公有的尝试，但随即这一理想的传播者就被砍头了，为的是让这种思潮停止。

近代的社会主义如何产生、如何发展成一种宗教性质的理论，我在《社会心理》一书中已经说明，兹不赘述。

在政治和宗教中，空泛无意义的说法最为有益，每个人都可以任意解释它。社会主义的含义模糊不清。生活适意的人，就说它是改良平民生活的一种理想；境遇不好的人，则说它代表了不公平。赚 1500 法郎的雇员认为加薪太慢，做杂役的人觉得没人知道自己的能力，酒商看见有竞争者在自己附近开店，都可以成为社会党员。至于理论家，则说它是一种强制取代当前社会形式的组织。只是社会组织的定义因人而异罢了。

社会主义的主要性质是一种对优秀的积恨。如出众的才艺、优厚的资产、杰出的智慧，都足以引来嫉妒。

持这一主张的人则说它能代替古代的宗教神明，能形成一种可以改变不公平命运的神秘力量。所以共产主义才能凝聚新的信心，要在旧社会的残余基础上，再造一个像从前那样的，人人可以永远享受幸福的天堂一般的世界。

这种荒谬、虚妄说法的不足取，早就妨碍了自身的传播。因为它能宽慰那种散布最多的低级本能。那些明确的诋毁，经由希望而不由推想。即使不合理论，但只要改变一定人的心理，就可以得势。传播的任务，就是引发这种改变。社会主义从没缺少过这一点。

考察它普及的效果，能让我们想起基督教开始传播的时候。基督教理论虽然弱小，虽然也经过哲学的驳斥，但还是利用诱导和濡染进行传播。影响所及，连杰出人物也信奉。

社会主义能取得成效的要因，则在于当它出现的时候，恰好赶上人类已经不相信旧的理论，开始寻求新的神灵。宗教神明有消灭的时候，但宗教心理却一直存在。人类的精神世界里，没有宗教就不能生存。换句话说，没有希望就不能生存。

这种心理状态，社会各界、各阶层的人都一样。如果有人不信神灵，必然会崇拜偶像。这是社会党的“宗教”能在中产阶级和平民中同时成功的原因。新的信心的魔法般的力量致使聪明睿智的人也开始怀疑自己的正确，而不知道反对强硬的诡辩家的方法。这些人已经被恐惧心理和空泛的人道主义控制。人道主义是利己主义的简单形式，也是衰败的象征。这一点雷南已经说过了。

社会主义的发展，并不是由低级欲望导致的，而是得益于它能唤起神秘之感，能引发人们追求永享幸福太平的人间天堂的希望。历史之中，人类为理想而死的志趣常基于满足物质需要的出发点。我常说，如果在共产主义国家的专政之下，用劳动换取食物听起来很动人，但人们不一定买账。达维内耳在他的《社会经济的发现》一书中，用另外的途径推导出同一个结果。

幸福在国民历史中所占的地位最微小，国民很晚才知道要为幸福深思熟虑。

之前他们所偏好的是别的事。古代和中世纪，追求美排在追求利益之前。在制造灯具、伞等这些实用物品之前，就已经精于建立神庙、塑造偶像。在知道追求温暖之前，就知道写字了。在制造餐叉之前，就知道制作笔了。

相对于物质而言，这些人偏重于理想多些。战争常常导致民族的痛苦，而民族却表扬战士的荣誉。发表思想的人和创作艺术品的人没有实际功益，可民族还是要表扬他们。而那些发明生活必需品的人却被遗忘。由此来考察历史事实，唯一可以确定的是，人类只有对理想的态度是一以贯之的。

今天也是这样。现在的人表面看似乎依赖于金钱享乐，但其实精神上的满足还是胜过身体的需要。

我自从读了社会党对于将来社会的猜想之后，才明白中世纪神学家的诡说。这两种人都不明白人类的特性和经济的主要需求。他们那种空妄的幻想和要建造理想世界，以及所有破坏当时世界的需要，都是一样的。

神学家现在已经被消灭了，但他们的精神已经被人继承，只不过是改变了这种空想，以及由这种空想所产生的观点的名称而已。那种威胁到我们的破坏性，古今如出一辙。现在的社会主义已经变成了宗教。那些传播者，都具有那些所谓的先进者的不宽容性。理论、语言、信仰以及传播的方法，几乎全都相似。

最初的基督教与今天的社会主义相似点很多，但基督教有一种有效的要素，是今天的社会主义理论所缺少的。从前的人所期待的奖励，是没人能到达的天堂。而社会主义 60 年来所许诺的为时不远的人间幸福还没实现，所以民众的信心不免动摇。所以才会有新的信仰产生，才会有工团主义代替社会主义的势头。这种新的宗教性质的幻想，或许会比它存在的时间长点。

社会主义所依据的幻想，人们现在已经看出它的虚妄荒诞，只是受它抑制的时间还没到头。这种幻想，可以概括如下：第一，一种社会可以经过革命，用法律完全地加以改造。第二，资本是万恶之源，可以废除，从而建设一个普遍幸福的社会。第三，国家应该控制所有产业、所有工厂，用一个官员系统加以管理，并且平均分配产品给社会成员。这种理论不考虑个体需求、情感和经济需要，以及其他各种实际情况，只是在纸上建设各种社会。它是思想简单者的天堂。

这种幻想在法国势力非常大。那些选举委员会中的咖啡商、外省旅行社的店员都深信这种幻想。议会据此订立危害最大的法律。某重要铁路收归国有以及将来的所得税等，都是被共产党鼓动的。这点毋庸讳言。第一件事开启了国家垄断一切工业的开端。而所得税则是在开列公民财产账目，以备将来剥削方便。想要让这种税法实行，就必须付出检察这一项代价。不但不能惠及一人，而且会导致反对共和政体的敌人奋起反击。社会党并非不知道这种情况，然而仍然要表决，是因为社会党的选举委员会已经有了这个决定，所以国会应该像奴仆一样服从。

社会党的各种幻想中尤其荒诞虚妄的一点，是他们想废除中产阶级。大概工人的生活多依赖于中产阶级的才能、智慧、资本和工业的繁荣发展。

假定一个每年获利 4 万法郎的工厂的厂长，把工厂赠给该厂的一千名工人，每人每天所增加的工资不超过十生丁。所以现在能管理大企业的人很少，管理者的能力如果小了，获利也随之减少，工人加薪必定少于这个数目，而且恐怕会更少于改变之前的所得。所以有能力的人被当代人看重，人们不惜花重金请他们来管理。因为花的价格越高，实际获利越多。

假设社会主义获胜，用行政手段管理工业，平均大家的工资。那么一切优秀人才如学者、艺术家、发明家、技能工人，肯定要去邻近国家了。现在，各处都看重技术才能，邻国必定非常欢迎。那么社会主义所统治的，其实是一个集合了庸常低劣的人的社会。值此之际，如果有侵略者想要夺取国家，真是易如反掌。但这对社会党并没有影响。可能这些人已经逐渐成为反对爱国党、反对军队党。在社会党眼中，工厂主是法国人还是德国人都一样，都是工厂主，并没有区别。

想要除去这种幻想，只要看看历史就够了。历史上，国内动荡导致外来势力入侵，波兰就是一个明显的例子。先是被德国人占领，接着被俄国人侵略。反抗的呼声稍微高点，就立刻受到欺辱；学校中孩子们都不能学习母语。这都是由国家内讧所致。波兰的命运，可以用金字镌刻在那些宣称反对爱国的社会党的大会场所中作为警示。

共产社会党如果获得胜利，必定难以长时间维持，冒解放之名的独裁者必定会随之兴起，被人民欢迎接受。这是法国革命的经验。但在达到这一境地之前，暴乱已经非常可怕了。拉夫莱描述社会主义获胜时曾经说：“我们都将会被炸药、石油毁灭。那种野蛮，那些能够确定计算的破坏，必定会超过 1871 年巴黎公社时代的巴黎。”我与他的意见非常一致。

法盖也跟我研究同一问题，他说社会党获胜的原因，在于军队的懦弱。南方发生暴乱，一个团的军人不服从命令。等到巴黎公社的历史经验表明，政府处在这种境地，只能立即颠覆。

这种颠覆，如果再辅以立法手段，尤其容易成功。法盖又说：“只要一个立法决定，就可以没收中产阶级的资产。如 1790 年革命时对贵族和教会，以及最近对教会资产的攫夺。”现在的中产阶级似乎已经不闻不问了，大概他们所凭借的基础被社会的支柱力量如财政政策和军队等动摇了。所以他们支持纪律的逐渐废除；对于社会党所提议的财政、军队法案，他们也推动表决。而他们不知道，社会党如果获胜，将如革命家马拉脱所说：“是一种比君主制更危险的独裁制。因为它是非人的，是可以控制的。”

中产阶级的随波逐流也是被幻想蒙蔽的。当然不能阻挡水流让它向高处走，但可以因势利导。而中产阶级不明白这个道理，自己主动放弃了优势和权利，不明白社会不能没有纪律、习惯、等级的道理。

他们尤其不明白的地方在于：群众的心理其实很简单，他们需要的只是对群众发言的技巧。工人唯一的一个政治理想，就是认为自己被资本家利用欺骗，政府应该增加他们的工资。

布尔多的意见非常正确：“群众没有一个固定观念，把对他们发表演说的演说家的意见当作自己的意见，而不问这些人是维护国民还是反对教会，是爱国还是不爱国，是政客还是革命工团派。”

群众只知道根据演说者的声势所留下的印象，凭感觉做出决定，并不问是否合乎理性。就像对一名女子，只爱她的人，不管她说的话。如果一个人让人喜爱，无论说什么人们都相信。至于讨人喜爱的方法，则在于果断。有人曾经见过北方的某个选区，是社会党的重要阵地，谁知竟被一位意见较为保守的当选人夺取。这个人是出于民众理性才当选吗？当然不是。只是因为他能取悦于群众，群众觉得他就是自己想要的主人。

群众表面虽然看似具有革命本能，其实只会服从。历史事实都在那里，可以作为证明。最激烈、暴力的工人，一听到革命委员会代表说的话，唯恐服从得太慢，不经思考就跟着去罢工了。路易十四和拿破仑都没有这种委员会的力量。

四

社会党中不少有见识的人，一旦掌握了政权，就放弃自己的理论，转而与中产阶级沆瀣一气。看看社会党人维维安尼做了部长之后，在演说中对中产阶级的褒奖赞誉，实在不能不令人惊愕。

在普通民众周围，也有一种为了民众的利益、意志、欲望而存在的中产阶级。如果对这些人也加以打击，任由劳动者蔑视或愤恨，其实是一种最大的不公平。

想要成为一名真正的政治家，应该敬重一切信念。应该用他自己的理论来统治、引领民族，而不能用民族本身的信仰进行管理、统治。

文化的进步的确应该归功于各时代的中产阶级。历来的艺术家、工业家、哲学家和博学者，常出现在中产阶级之中。

克莱蒙梭的演说中提到：民主政治不是多数人的政府。推溯一切进化过程的源泉，我们常可以发现，是思想家的个人力量在起作用。至于说到普及、进步等，其实就是把几个卓越之人所发表的观念在群众中进行试验，使社会渐渐与理论相符合。

这种真理，千万别说它平常。那些政客直到执政那天才能发现。所以他们不能够动摇想要破坏社会的革命社会党人，还用说吗？

如果这种鼓噪、传播的人稍微明白点事理，一定能明白取代他们所诅咒诋毁的政府，没什么利益可言。他们费尽精力，最终看到的却是政府没什么变化，而保守的情况比以前还严重。这就是他们镇压了乱局之后，通常会出现的情况。

得胜的革命党，只有两个选择。或者仍旧当革命者。这会让骚乱的态势一直存在，最后会导致一切舆论联合起来反对他们。这种情况不可能持久。或用用前人的统治方法。这是一切激进的民主党派获胜后所采用的方法。当他们执政之前，蛊惑煽动骚乱、实行总罢工和暴乱；一旦得到政权之后，都会果断采取措施打击这些行为。这样做并非是违背自己的原则，而是因为他们发现想要维持正常的民众生活，就不得不遵守一定惯例。

真正的危险，不在于革命者的暴力和激烈，而在于统治者的软弱。如果一个国家饱受动荡之苦，利益受到威胁的情况太多，随处可见空头承诺和无效的法律，那时候，整个民族自然倾向于可以维持秩序、保护劳动的独裁者。这是民主国家之所以灭亡的原因。

独裁专制固然可作为临时秩序的保护者，然而也是滑铁卢、色当之败以及被外国入侵的原因所在。古罗马人固然不后悔让奥古斯都即位，然而他执政期间也酿成提比略、卡里古拉时期的缓慢衰落以及蛮族的蹂躏。

再造这个已经破坏的世界，需要经历漫长的阶段。现在是被过去创造的，而过去不可能再重造。今天，破坏者已经兵临城下，我们要任由他们来颠覆这个建设起来极为困难的社会吗？这些人只会颠覆，不能代替我们进行创造。社会的灭亡有时极快，重建却需要若干世纪。

第二章
工团党的幻想

同类人因为利益相同而集合在一起，已经成为近代社会的规律。这一规律不是大工业生产所创造的，只是被它加以扩展罢了。

之前的各个国家都已经出现过各种集会。中世纪的佛罗伦萨和锡耶纳大概就是工团结合的共和国，是今天的理想家们所向往的地方。革命时代所废除的帮会，也是实际意义的工团组织。

这种制度的好处在于把个体所不能掌握的权力交付给小团体。这种小团体可以免除个人不好练习的和不太流行的自我行动和意志。

工团的关系，有逐渐变成人类社会唯一关系的趋势。今天，人们对政治制度的尊敬服从已经不如从前那样了；国家观念也已经变弱，而工团的观念则日渐扩张壮大，处在产生新权力的过程中。比如订立公共契约，工厂主不和工人接洽而与工团组织接洽之类，现在逐渐成为工业的通常制度。

没有见识的工人当然可以以此获利，但有时也有附加条件：接受最严酷的苛政统治。工人能保存对权力的幻想，但不能保存对自由的幻想。

由这个平常的道理可以看出，制度本身没什么好处可说。而它的势力，则会因为不同民族的心理性格而有所差异。工团主义的历史都在那里，可以作为证明。

从民族角度加以区别，工团主义有两种方式：和平的工团主义和革命的工团主义。第一种是盎格鲁－撒克逊人适用的工团主义，他们只顾经济利益，不管阶级冲突。至于拉丁民族之中，工团主义则成为破坏社会的工具。我们所研究的，就是这种工团主义。

在法国，迄今为止仅限于保护自身利益而没有破坏行动的工团屈指可数。这种情况与英国、德国的工团都差不多，势力都很小。

至于声势浩大的劳动联合会所代表的革命工团主义则不然。把他们看作国家主义是很有道理的，我前面已经论述过了。用工团首领P的话说："当局使属员们知道了自己所不觉察的力量，是铸成不可饶恕的错误。"这个人对法律的价值颇为了解，趁着政府软弱和社会普遍混乱的状态，利用少数规则获得最大权威，让人服从。从心理因素和政治角度两方面来观察，他们的历史很有趣。他们想要表达的是，少数有决心的人可以建立一个与国家平行的机关，并胁迫议会迅速表决他们所认定的法律。

就政治而言，权势最重要。但有时不必非得真正具有权势，只要让人相信你有就足够了。巫师的影响力能延续存在千年，凭借的只是人们相信确有巫术而已。

想要建立一种个人权势，是非常复杂的；而创造一个无形的权势，则是极为容易的。因为第一种权势常常容易受到指责而引人非议；至于对第二种权势，大多数人只有安心接受而已。在法国社会中，委员会的权势常被人们尊重。他们现在掌控整个议会，成为议会的主人。著名政治家潘伽烈在演说中描绘那种癫狂的议员时说：“接连不断地动用他们用以表决的选票，瞪大眼睛盯着他们当选的区域，然后问自己说：‘这些人能够取悦我们的委员会吗？’”即便是最激进的、经常敢咆哮着打断部长发言的社会党员，当他面对像醉汉般胡言乱语的委员会时，也变得谨慎小心起来，不敢有一丝一毫的松懈怠慢之举。因为只要得到委员会的一种报纸支持和少数酒商赞助，他就可以成为国家的主人了。

委员会有如此大的势力，由来已久，但现在似乎稍微受到了一些遏制。如妨碍工业发展的法律的制定，虽然有委员会的授意，但却受到商人的联合抵制。之前政府听从社会党委员会的命令收回西部铁路，商会虽然没能阻止，但由于零售商的联合抵制，议会在多种赋税政策之间犹豫不决，最终没敢表决通过。

总之，无论是哪一种利益的联合，或者是政治利益的联合，或者是行业利益的联合，将来的命运，都不会被某种个体势力拥有，而是被由领导者所操控的小团体所有。

劳动联合会的创建人深深知道这个简单浅显的道理。他们表面的章程是在组织一个集合众人的团体，由一个外表看来没有丝毫权力的委员会管理。而事实上，看似没有权力的委员会却拥有各种权力，尤其以强迫成员执行不容讨论质疑的命令的权力最为重要。

因此想要专权，必须先要争取得到大多数工人的表决同意。这个问题很难解决。平常的政客遇到这样的困难大多束手无策，但是联合会的创建人不会因此而受到拘束。这些人轻描淡写地宣称，这是用少数人的权力代表大多数人的权利。他们还反对民主观念及融合各党的观念，借此自圆其说。他们某位成员曾经说：“民主政治用普遍选举的工具赋予那种不由自主的缓慢行动以监督制约的权力，用以镇压将来有希望掌握权力的少数人。而工团主义的方法所得到的结果则不同。激进的行为是由那些自觉的人、那些反对派影响产生的。这是两种方法大为不同的地方。”

那么，这少数反对派的态度有什么根据呢？这只不过是他们的本能罢了。这个派别的领导者对一名普通工人所处的斗争环境的了解，要比各个派别中最隐秘的理论家所知道的更多。反对派的工人如果是联合会成员，便和处在法律之上的封建男爵没有什么不同。这是理所当然的。人们都会为他出谋划策，和给专制君主出谋划策一样，不必再理会什么法典了。应该向前进的时候，只听从自己的本能冲动，只相信自己。换句话说，不是让我们的言行适合、遵从法典，而是让法典更适合我们的意志。

专制君主的权力可以凌驾于法律之上，由联合会员所结成的“贵族团体”也可以不遵守法律。这种新的独裁政治的一位领袖说：“法国工人可以超越一切权势、一切规范、一切阶级，行动之前不必问法律是否允许，行动的重要意义就在这里。这种妄自尊大，就连路易十四和拿破仑也不敢自信拥有。”

群众受这种新势力的蔑视，已经超过了受亚洲各专制君主统治的程度。他们说群众接受一切诱惑而不能醒悟察觉。这个说法不能说错误。处在革命之际，民众自然倾向于最坚强勇敢的人。而在平时，民众可以保持缄默。“只有自觉的人、能战斗的人，才有代表工人界发言的权利。”这自觉的人，自然是联合会的监督人。这还用说吗？

这些人深知普通群众的平庸和目光短浅，所以对待他们就像对待奴隶一样。这些人的代表从来不解释所下达的命令，如罢工之类的。如果那些稍微有点独立思想的工人表示抗拒，立刻就会被服从于委员会的同伴排斥。这些代表的命令，就像过去黑奴种植园里监管人的鞭子。

罢工经常由怪异的诱因所引发。劳动联合会的一位有影响力的成员格里菲勒，有一本关于旅行的书，可以作为印证。

“马赛岸边，每个地方都设一名工人代表，权势很大。往往因为一个极微小的缘故，在人们正劳动得热火朝天的时候，代表就吹响小笛子。这是罢工的信号。工人就会立即离开工作的地点，开始罢工。如果要追问罢工的原因，连厂长和工人自己都不知道。”从中可以看出，具有声望的人收服工人群众有多么容易。工人的服从程度，可以达到最残酷的暴君都不能让他们做出的牺牲。人们都知道巴黎附近某位砖厂主的事情。这个厂主想要退休了，又没有继承人，于是把砖厂改成股份公司，把股份赠送给了工厂中的工人，并且为了避免工厂经营受到影响，暂时仍然由他管理工厂。砖厂工人真心欢迎的程度可想而知。没想到这件事被劳动联合总会知道了。因为害怕这件事开了一个头，于是，命令工人拒绝接受馈赠。而工人们竟然都服从了，丝毫不敢有异议。厂主的好意没达成，只好关闭了工厂。

工团派的领导者们所使用的统治方法已经没有什么新奇了，从前的暴君都已经用过。在当今的形势下，仍然敢使用这些方法，是深信群众对他们的相信、服从的程度。

那么维持这种能取代其他权势的新权力的方法是什么呢？革命工团派既然不考虑民意和法律，问题就比较简单了。这些人利用他们具有威胁性、破坏性的暴力罢工，几乎能够实现所有要求。如果一个地方发生了比较和平的罢工，委员会就会派几名富有经验的代表进行蛊惑煽动；等到骚乱终于开始了，他们就离开这里再到别的地方进行传播、鼓动。

这种方法足以让那些崇尚普遍选举权和法律作用的社会党愤怒了。

工团主义想用抵制、破坏和部分罢工达到目的。这些方式是你们用以改造社会的唯一武器。你们是想要用这种武器来侵犯自己的国家，并加以嘲弄。有比这更过分的吗？

工团派的成员并不多，而想要创建一种新的“宗教”，传道者也不用有太多。我前面已经说过，社会党的主要领袖格德也反对联合会的方法和他们中权势最盛的人。他曾经说：“若说打破路灯、伤害军人、焚毁工厂可以改造一个行业，实在很让人费解。现在应该和这种所谓革命的矛盾言论划清界限了。无论哪一种暴力的团体运动，部分罢工也好，全体罢工也好，都不能够改造行业。”

革命工团党回答他说：“方法最管用，因为效果最好。可以引用的证据不少，比如职业介绍所事件，就是其中之一。”

经过不断向政府进行激烈的示威活动之后，库姆斯内阁迅即在议会上提出了法案。上下两院都来不及喘口气，就在三天之内表决通过了。其他类似事件也都像这样，效果明显。

上面提到的内阁，如果能有当年剥削、驱逐老教徒和毫无反抗能力的女教士的四分之一毅力，社会的混乱态势肯定不会像今天这么严重。这一点毋庸置疑。

联合会的权势其实是建立在政府极端懦弱的基础之上的。这种状态只有在法国才能得到发展，英美等国绝对不会这样。前面已经论述过，这种暴力人员在美国肯定要坐几年牢，而且也不要指望能够被赦免。而在英国，工团组织要对团员的破坏行为负经济责任，所以目前为止还没有发生破坏社会的事情。

这种懦弱政府被联合会的心理学家们利用。但这种胜利过于动荡、混乱。不过过度的激烈也不一定没好处，将来会导致一个保护型内阁的出现，靠严格实行法律来制伏这些人。

当德拉韦伊发生罢工的时候，联合会自信不会受到惩罚，所以行动肆无忌惮。罢工者毁坏机器、劫掠行人、攻击路过车辆。法庭不能不过问，也难免有追究的说法。联合会立即威胁政府，要求停止追究，否则立即宣布总罢工。这等于说工人焚毁工厂、劫掠车辆的权力在事实上得到了承认，只是没被载入法典而已。当时也不免有几件小案件进行了判决。可是几星期之后，屈服于民众压力，又不得不表决大赦。

这种革命尝试行为的功绩在于，表明了动不动就威胁这种荒诞念头其实来自政府。政府才知道联合会的权势建立在他们能够激起恐惧心理的基础上，只对不知道抵抗的部长起作用。

政府的力量当然不足依赖，联合会还有比军警势力更重要的敌人。这个敌人就是他们旗下的无政府主义党派。这两个党派在破坏社会、建设共产主义的政见方面相似。工团党虽然憎恶他们加入，但也没有办法拒绝。

在无政府主义党派成员的认识中，只知道毁坏和焚烧这种暴乱行为不容易引发。但这些人未尝不想试着打破全社会、暗杀各位君主。把这种人收入阵营中，想让他们遵守工团的纪律是绝不可能的。所以劳动联合会虽然在共产党大会中获得胜利，但不能离开这种新的同盟党人。这种结果，我们在后面论述。

等到工人已经习惯了服从，就等于是处在被统治的情况下了，自然没有什么利益可言。因为工资是随着工业的繁荣情况而发生变化的。如果一个国家的工业不能振兴，就算全体工人都加入了工团组织，又有什么用呢？工资不能多加一分钱。再看看现在，工业已经开始衰落。再等到资本家们因为恐惧而转变投资方向，到那些没有激烈暴力的罢工，没有破坏行为，也没有苛刻法律的国家时，工人的工资会减少更多。

这种真理，那些自称是工业界保护者的人都不敢指明。这些人不是不知道没收私人财产并不能够改变劳动者的命运。因为有能力的人被当今时代最大的强权——无能者——代替了。工人为什么不效仿亚当所说的那些美国工人那样，早上穿着工作服去工厂劳动，晚上洗漱干净之后，就到俱乐部里娱乐。这样做，只会增加他们的职业价值，而无损个人私利。

在美国，有优秀的工人日薪25法郎，也有手工艺人日薪4法郎。但是，能用文化意识来把手工艺人提升为绅士，或者把绅士变成手工艺人吗？我已经知道了社会党人的答案，也知道了有见识的人的答案。只要蔑视这些因为低级欲望而产生的不切合实际的所谓人道主义观点就行了。我们应该向那些强大的、健康的民族心理尽力学习。所谓进步，应该是社会各阶级之间的融合与融洽相处，而不是各党派所常说的阶级仇恨和斗争。

社会对工团的创立建设曾经态度很好，等到后来才发现他们要求越来越多。虽然已经试着平息他们的怨恨情绪，并且在态度和行为上都表示服从，但劳动联合会始终傲慢地拒绝。在最近的大会中，甚至还禁止社会党议会成员出席。

工团派的想法还很空泛，现在只知道破坏。他们的著作家也试着描绘未来的工团主义社会。这个社会是所有生产者的集合，由负责各种社会事务的工团组成。这种社会组成与社会党所宣扬的国家组织差别极大，所以两派在思想上南辕北辙，没有调和的余地。

一些有阅历有见识的人郑重地说："工团主义是新时代的曙光。"这些人是真的没有怀疑过，这个曙光其实是倒退的信号。工团主义之前在意大利和各个共和国已经实际存在数百年之久。这种共和国，其实就是工业团体联合会，是由工团选举出来的会议所统治的。这种政体的成绩，法兰西学院的教授雷纳德已经叙述过。这个人是人道主义社会党，现在举他所说作为例证，以避嫌疑。

城市之间、街巷之间、家族之间争斗不休，世仇、叛乱、焚毁、杀人、阻断、流放、没收，连绵不绝。这就是数百年间意大利各个城市被骚乱破坏的状况。美丽的佛罗伦萨和其他地方都是这样。有一段时间，人们甚至相信自己会堕入但丁所说的恐怖地狱。

昆廷·布夏尔曾在书中论述过这种工团制度对工人的过度压制。人们都希望能摆脱这种制度，哪怕是受最残酷的军人独裁政治也心甘情愿。大革命时代以为应该废除帮会制度，其实这种帮会制度的危害，远不及意大利和共和国时代工团政治危害的万分之一。

因为有了文化方面的推动，各个大国政治才开始形成。所谓的文化推动，是用公共利益代替个人私利与行业帮会之间的利益冲突。由此可见，工团主义并非进步，而是倒退的。

因为利益相似而结成团体，是常见的情况。德国有很多工团，国内各个阶层的民众，如屠夫、教师、法官、杂役等都安心地组成工团。但只有法国的工团才有推翻国家自己做主人，以致文化出现倒退的行为。

假设将来工团主义获胜，我们一定会看到一个混乱动荡时代的开始。

社会上的各种组织都无法抵挡这种局面。反对法律的乱民，最终一定会沦入暴君的统治，遭受外国的入侵。希腊和波兰不明白这个道理，才导致亡国。

现在，以邮政员工罢工为表现的运动获胜，仅仅是精神解体的一个结果。在工团派的大会中，经常宣扬反对军队主义、反对爱国主义和无政府主义。在巴尔干事件发生之际，法国似乎要被引入一场可怕的战争，而这些人却进行罢工。可见这些人把个人利益看得比国家利益还重。“祖国”一词对他们来说，只是空有其名的工团而已。

现在，革命工团主义和共产国家主义之间的斗争日益激烈。这两种苛政都令人叹息。我相信前者比后者要好些，因为多数小团体的专制统治，还可以互相之间制衡一下；而社会党所梦想的一个团体的专制统治，苛刻程度谁能受得了？

由于民族性格已经逐渐被消灭，再加上自然规律普及方面的懵懂昏昧，我们已经受到了其中一种苛政的惩罚。这两种政治力量互相匹敌，或许可以缓和一下局势，但是不要寄托太多希望。

第三章
工团主义中无政府派的发展

从前，先知的能力是天赋异禀的。《圣经》中提到的先知很少，而且对他们都很尊重。而现在，因为“宗教”的进步，能够预测将来已经成了一种普通能力。一天之中不预言几次的人，已经很少见了。我这话不仅仅是针对社会党说的。这些人都是眼光长远的先知，把所有动词都配合上将来时。我想说的是那些不了解社会现实却善于辩论的人。如果你跟这些人见面谈话，想要在十分钟内不听一句预言，那是不可能的。而他们所预言的，不是关于法国或者其他国家的将来，就是关系邻居的命运。

我也难免从众，有时候也做点预言，但是预测的时间期限都很长，以免不能达成现实。当然，我也试着做短期预言，基本上都是依据心理学最简单的理论。比如巴黎某家大报纸所登载的费莱事件，虽然此事在巴黎舆论喧嚣，但我预言在西班牙绝不会有什么影响。又比如对于劳动联合会，我预言他们一定会收罗无政府主义分子到麾下，现在也都得到了证实。

对于最后这一点，劳动联合会已经辞职的书记尼尔在我预言的一年之后，发表了他的意见：“刚刚关闭前门抵抗社会党的危害，又开了后门迎来无政府主义者的毒害。我们阻挡工团主义入侵所能达到的成绩，仅此而已。无政府派政客渐渐把无政府主义并入工团主义，以至于无须引用别人的言辞，就能为无政府主义政治谋求胜利。工团主义，其实就是不挂名的无政府主义。”

这种不挂名的无政府主义，完全可以作为今天拉丁民族工团主义的定义了。和平的工团主义的创建者想要发现这个含义，需要费一点时间。工人将来也会有发现的那一天。醒悟无政府主义不能成为一种政治学说，而是一种被病理学家综合在一起的病态心理，并且会发现毁坏机器、焚烧工厂、谋杀军人都是疯疯癫癫的人做的事，不能改变任何人的命运。无政府党派成员被病态的冲动激情迷惑，哪里顾得上改良工人的生活，创造像英美国家有见识的工团主义那样创造的成绩呢?

美国劳动联合会的会长冈珀斯曾经向法国的工团派表达有益的教训。美国工团成员有 200 万人，法国的工团成员有 30 万人。美国工团组织拥有巨额财富，已经成立了三百多种报纸。显然，美国的工团派对法国工团派的毫无意义的骚乱行为是轻蔑的。他们认为法国工团派的思想近乎儿戏。冈珀斯的演讲曾说：“从前，我们处在幼稚时代，也有共产派、无政府派和劳动理论家。那时候，我们的民族非常衰弱。”

工团主义不应该进行破坏，而应该从事建设。用破坏和罢工来毁坏民族工业，是如中世纪扎克雷起义一样的暴举。这一点，法国劳动者并不知道。

美国劳动联合会会长还有一个足以让法国工团派惊骇的说法：“废除工厂主不一定就是进步。它也可能让我们恢复奴隶时代的状况。”

相同的论断，我们的工团派也可以从英国、德国那里听到。但是这些人心理肤浅狭隘，不能明白这个真理。只有善于观察的劳动者才能领悟工厂的生产和工资都决定于工厂主的能力。这种观念，拉丁民族的工团派从来不承认。如果有人让他们明白地表达自己的梦想，他们一定会回答说“消灭资本家工厂主”。真是异口同声呢。

这就是从不到工厂来了解现实情况的思想家的幻想。如果稍加注意，就可以知道工厂的价值取决于管理者。有什么样的管理者，就有什么样的工厂。

当前的巨大困难，被近代的复杂技术扩大了。问题不在于召集工业生产的力量，而在于寻找能够管理他们的领袖。聪明能干的管理者能让工厂繁荣发展，如果换一个没有经验的生手，失败很快就会来到。自由散漫没有管理者的工厂就像没有人掌舵的航船，今天发生混乱，明天就会衰败。

这种真理对于已加入工团派的无政府党派，并没有什么关系。因为他们的目的只在于破坏社会，代之以空泛的共产主义。其实这些人不仅是工团主义的敌人，而且也是共产主义以及其他各种社会组织的敌人。他们足以生存的原因，是国家力量的懦弱。国家用法律保护他们生存发展，而他们却反过来对抗国家。

我在前一章中曾经历数法律的巨大危害，现在再以 1884 年某位部长所创立的职业工团法来进一步证实。这个人是个好的演说家，但却是个平庸拙劣的心理学家。在订立这个法律的时候，就听到很多提醒、警告的话。上议院的一位议员说：“要担心的是，将来国会要被接受大工团命令的工人联合会所控制。”结果这位议员受到了这位部长的揶揄回答。还有一位上议院议员说：“将来要受的专制统治必定是绝对的、没有中间道路的。要么不存在工团联合会，要么受到工团联合会的绝对统治。人们都知道工人很容易服从，所以不能把无限专制的权力交给工团。”更有人指出，这个法案的结果必定会导致反对军队主义、反对爱国主义的扩张。这些都没能阻止这个法案的表决和危险的增加。

正是因为有了这个法令，工人联合会得以向国家军队和社会资本宣战，不停地鼓动人们反抗军队，鼓动放火，并且劫掠工厂。

这些狂热的人都生活在幻想之中。当社会大学开学时，若雷斯曾经根据两个革命工团党员的著作进行观察，发现这些人所要建设的，就是他们想要用激烈的革命行为破坏的。现在节录若雷斯的文字如下：“这些人所宣传的革命，其容易程度实在让我们惊愕。消灭政府，解散国会，顷刻间都如云烟散尽，军队也附和平民意见，一切都要退让。”

然后，工团要重建社会了。调停争端，和解冲突。采取的折中方法，甚至可以让今天最温和的议员效仿了。被破坏的国家要重生了。国会根据联合大会的形式重建。他们想要解决的问题，不仅有工团问题，还有土地问题、货币问题以及其他各种问题。社会的所有元素都在其中。他们所凭借的方法，大致是民主政治的规则。这些人常说我们是折中派。等到他们一旦接触到社会实际，也不免堕入和我们一样的悲惨之中。

在实现未来改造社会的任务之前，当前劳动联合会已经被破坏了。

大部分工业都因此衰微。这些人大概从没怀疑过，工人生活在这种工业环境下，穷苦也将随之到来。我国商船航运事业的衰败也是受到海航工人罢工和要求增加工资的影响。看看十年中各大海航公司红利的变化，就可以明白。

梅林在上议院发表演说，提到由于干扰立法以及工人现在的心理状态所造成的局势。现在转录 1910 年 3 月 11 日《公报》的内容如下。

现在所看到的工人界现状，是因为缺少经营的动力以及自主发展的动力。至于缺少的原因，则是威胁资本存在的连续不断的罢工、反对劳动自由的无法无天的迫害行为，以及反对有产阶级和金融业者的税收政策等因素。

把我们驱赶到这种境地的革命派实在是过分了。这些人的举动无异于把一只能下金蛋的鸡杀掉了。如果没有富人，大家都会变得贫困，而原本就贫穷的人会更加贫穷。于是整个社会陷入一种普遍的穷困。

至于政治家所引用的，统计方面所显示的表面商业利益也是错误的。对于这种乐观的幻想，前面提到的演说家的言论不难加以反证。20 年来，多数国家如德、美、比等国的商业利润倍增，而我国所谓的进步，实际上降到了第十位。

我国这样停顿不前，其他各民族的工业又进步得这样快；恐怕将来我们的市场越来越小，产品积压、滞销越来越多，于是由经济困难而演变为民族的冲突了。

别的国家之所以强盛，是因有为数众多的能为本国谋求迅速发展的青年。梅林认为将来我国官僚主义的弊端根除之后，也会有这样的青年。但我认为官僚主义正是结果。我们应该拿这个最重的病根，到我们的大学去治疗。

一个政党的成立，无论他们的政见、理论怎样，只要主张毁坏机器，或者把国旗插在粪土之中的偏激行为，都可以吸引到无数懵懂无知的人。我们的旧教育所制造的人只能这样，而不能对社会尽其他责任。所以那些无政府派的工团主义能招募到那么多善辩的人，又有什么好奇怪的呢？

毁坏工场、切断电线等行为，无政府派成员因为惧怕法律，所以还没敢过分明显地加以提倡鼓动。而那些无政府派的教授试着发明了一种哲学，用花言巧语来掩饰无政府派的工团主义行为。

这种尝试比较困难，所以效果不佳。人们大多感到吃惊的是，最温和敏锐的哲学家如柏格森，他在法兰西学院所讲的理论，怎么会一下子变成了革命工团派的《圣经》呢？所以布克烈教授说："新党派所崇奉的是柏格森。"此外，如现代主义、新天主教派和其他种学派也不乏这种牵强附会的人。总之，这些人之所以寻求那些出乎意料的人作为导师，是被反智主义引导的。应该用有启发性的直觉代替推想。只有这种直觉能让人用一种不可言喻的欢愉情感体悟、理解生活。应该信任一切，信任工人的情感就是大众生活的情感等。

读者能理解这些话吗？我敢断言不能。我也不能理解。就算工团派也不能说他们理解。一种学说的力量就在于不能让人领悟理解，群众之所爱之如命，也因为它不可理解。就事实而言，工团主义的理论家们认为政治学说的作用在于有一个哲学理论做根据。黑格尔、孔德及其他几位学者的理论既然已经被各党采用，未免有些陈旧，自然应该再寻求一个新理论。所以无政府党派焚烧工厂，可以借用一个新的哲学说法进行，也就是“具有启发性的直觉”了。

由此可见实用主义哲学的危险倾向。它大概是忘了人类费了多少时间才能够脱离本能冲动而进入理性时代。人类能不断实现文明进步，正是逐渐脱离了本能冲动的控制。所谓文明，就是用理性克制本能。革命及其连带的野蛮行为，是本能冲动对理性的报复。本能的哲学只有野蛮人和历史上的匪徒才使用。

革命工团主义的偏执理论以及政府的懦弱行为将开启可怕的混乱时代。结果也可能获得有限的收益。民族精神是最稳固的，哪怕想要稍有改变，也非得要用最长的时间或者最激烈的革命才能成功。革命所付出的代价非常大，收效却极其微小，但有时也能给我们留下一点东西。想想那恐怖时代，那欧洲战争时代，那三百万人横死的时代，到底是在做什么事呢？只是赋予法国人以权利平等、法律平等罢了。这种平等，不用革命的手段也能获得。压路机铲平道路的力量比断头刀要强大，只是需要时间等待。但神明没有赋予拉丁民族以等待的能力，有什么办法呢？

工团主义在经济发展中所扮演的角色极为重要，但想要深入研究，没有巨大篇幅是不能详尽说明的。本书所论述的，也仅仅是应该注意的地方。我们需要知道的是，如果工团主义能脱离无政府主义而与共产主义相抗衡，或许能有点好处。共产主义让我们越陷越深，必定会让我们落入奴隶一般的所谓平等的穷困中。

更不能忘记并且不怕反复论述的是，工团主义是共产主义不可驯服的对手。把二者合起来说，相当于把基督教徒和自由思想教会派混为一谈。不明白这个区别的人，和不愿意承认这点区别的社会党员，我非常希望他能读一读工团派的波尔斯的书。他对两派的区别分析非常详细。共产主义是国家主义的极端表现，而工团主义反对国家的干涉最为激烈。他们对无政府主义攻击得更多，说后者“代表了对进步的抵抗或对进步的分解”。至于被社会党苛刻对待的资本主义，工团派非常明白他们的势力和影响。波尔斯对此说道：“工团主义认为资本主义是一个神奇的魔术家，它用个人的自主行为以及协作精神产生的果敢，通过社会劳动创造出无限的人类生产力。”

社会党已经逐渐屈服于对手，已经知道工团主义意在夺取他们在工人界的选举人。由这种敌对形势可以窥测将来的战斗，但我们不必过于恐惧。因为战斗不可避免，但还没有发现其他因素会助长这种形势。其实斗争无处不在，如不同动物种类间的斗争，民族间的斗争，个人间的斗争，直到我们机体内细胞之间的斗争。这最后一种斗争当然看不见，但斗争最为激烈。社会和我们一起前进，或者反对我们前进，都要看我们自身的选择。有自然需要引导我们，我们无法避免。你大可以诅咒、诋毁它，但你也还是要心甘情愿接受它。

政治
心理学

第五篇
关于殖民政治心理的错误

第一章 法国的殖民原则

东西方经济领域的冲突，是 20 世纪应该重视的事情。将来或许会由于这方面的原因，导致被毁坏的东西和所流的血，都比过去的战争更多。处在这两种文化冲突之中，殖民地的主要管理者责任因此更为重大。我们要保持与殖民地的关系，现在已经没有人再对此攻击驳斥了，所以我们更不应该淡漠地对待殖民地的发展。

在欧洲，各民族所建立的殖民地治理原则视种族而异，但大体上不外乎两种方法。第一种方法几乎是我们所专用的。第二种则是其他各民族大多使用的。这些国家建立殖民地，是为了保存该地并收取利益。而我们对于殖民地，则是要用我们的制度和观念来统治该地。所以几乎所有的殖民地都一样地嫌恶拒绝我们。我们自信理由十分充足，于是固执不变。这是在等待灾祸频繁发生，来证明我们的殖民原则，不管从理论上讲，还是从实际上讲，都是令人痛心疾首的错误。

我曾在《印度文化》一书中阐明英国对殖民地所用的侵略和行政管

理的主要原则，对印度论述尤其详细。为什么这个地方能以如此巨大的人口和财源隶属、臣服于英国；英国的治理方式有多么慎重；最近是因为怎样的一种错误的心理原则，这个曾经伟大的帝国将来或许就要脱离征服者而独立……

本书不能细致地叙述一切内容。我就在本章中，仅就法国对邻近的殖民地如阿尔及利亚的治理观念，以及在当地实行之后的成绩，做一评述。

对阿尔及利亚的研究非常多，其中有两本书，都是有见识的人所著，可以代表舆论的基本情况。其中一位作者是法兰西学院的博学教授勒罗伊·博利厄，另一位作者是前任领事维尼翁。

本章中，我的目的不在于详细探究我国在阿尔及利亚殖民地的成绩，而是要考察研究此前以及今后政府统治的根本心理观念的价值。我的评论只针对原则，而不在于执行的个人。今天的这些政治家是政治的需要，而不是理论的需要。所以需要是舆论之子。有可以议论的才是舆论，而不在于强迫谁来顺从接受制造舆论的人。何况现在有谁能离开舆论的手段而达到统治目的呢？舆论可以改变吗？不能。法兰西民族表面上看来似乎是最容易革命的民族，其实却是天地间最保守的民族。

阿尔及利亚的面积和法国相等，人口却只有归顺于我们制度的 500 万穆斯林。但这种服从却需要 6 万人的军队加以巩固，而英国人在印度管理 2.5 亿印度人的军队数量也不过如此。印度有穆斯林 5000 万，他们的可怕和难以统治，也不下阿尔及利亚的同教信徒。

在这些穆斯林中间，又有 80 万欧洲人，法国人占一半，其余的是西班牙人、意大利人、马耳他人。这些欧洲人不和穆斯林通婚。因为这种通婚势必会在将来形成一个在性格上有区别的新人种，他们会把阿尔及利亚的利益看得比祖国利益还重。现在他们对待祖国就已经像是施舍恩惠的保护人了，专门为了供给铁路、公共设施和各种救济金。

至于民众中的大多数穆斯林，则是非洲侵略者的后裔。三分之二为柏柏尔人，三分之一是阿拉伯人。两种人的区别非常微小。想要区分穆斯林，可以看他们是游牧还是定居。但这两种方式在柏柏尔人和阿拉伯人中都有，所以也不能像一般人所说的那样，单纯用游牧和定居来区别。

勒罗伊·博利厄的著作可以用“穆斯林法国化”一句概括。这也是法国对于统治阿尔及利亚的流行观念。

至于采用这种法国化的国民政策，它的野蛮程度，和从前美洲移民对待红种人所用的方法相同，剥削他们的游猎地，让他们饿死。

再看看维尼翁所述的我们政府所用的驱逐原则，其余的就不用说了。

总督们对待那些反叛部落的办法是，每次反叛就没收一部分土地。政府看到这种方式，还能不效仿吗？所以他们也选择好的地方进行移民，把土著驱逐到远的地方。欧洲移民越增加，土著的土地就越少。那些把居住地看作祖宗遗产的部落原住民，现在大多被驱逐到家园之外。30 年来，这一做法的结果是可想而知了。在一个地方被不停驱逐的阿拉伯人，无法定居进行生产劳动，因为劳动成果必定会被别人侵夺，所以他们就不愿意尽力耕种或者改良土壤。到了另一个地方，部落耕地又会被人侵占，连水利设施都不能享用，无法抵抗干旱，粮食收成完全不能自给自足，牲畜数量也日见减少或者干脆失去了。总之到处都遭受着无限的痛苦。所以土著对于移民的痛恨，不但没有减少，反而在与日俱增。

1863 年元老院的决议书固然曾经宣告有产业的部落可以享有自己的产业，但不能废止驱逐的方法。现在只是改变名义，称为公益征用罢了。这个方法的特点有两个。一个是夺取土著的土地交给移民，构成欧洲人的范围，把土著排斥在这个范围之外。另一个是让失去产业的土著遭受穷困。原土地拥有者的赔偿金由法院决定，大致是每公顷 50 ~ 60 法郎不等。之前，土著有 30 或 40 公顷的土地就足以供养一家人，生活一辈子绰绰有余；现在，却变为 1500 ~ 2000 法郎，一两年间就会用完了。

因为国家专权的干涉而在阿尔及利亚实行的怪异的统治方法，可以称为政府殖民了。想要知道这种方法的可悲历史，可以参考前面提到的作品，不难看到结果。把土地分赠给被学校教育摒除在外的人。这些人不会耕种，就像不能教授梵文一样。政府还出面创建村落，现在已经变成荒地了。这种种举措所耗费的巨额资金，还不足以让我们的行政官员们觉悟。几年前，某位总督还提出用 5000 万法郎征收阿拉伯人的土地，创建官办村庄的请求。幸好这个提案被两院否决了，否则穆斯林将发生新的叛乱，而我们要虚掷上亿资金，也是可以预见的。这个提案虽然被否决了，但当时也曾经被提出来进行讨论，而且差一点就通过了。可见法国的舆论界对于殖民地事务的观念有多么幼稚。

有了阿尔及利亚这样的经验教训，还要怪代价重大吗？计算一下给那里花费的资金，减去收入后，净耗费 40 亿法郎。牺牲这么大，就能巩固当地统治吗？这只是自我安慰罢了。但我们不应该忘记的是，想要维持相对稳定，还是要常驻军队的。

自从入侵阿尔及利亚以来，两种根本原则交替使用，都是由殖民舆

论引发的。其一是没收阿拉伯人的产业，不久又驱逐他们到沙漠地带。其二是用制度强迫他们接受法国化。阿拉伯人不肯顺从接受驱逐。原因很简单，沙漠不能让人生存。这数百万人在认命做饿殍之前，现在都开始抗拒了。既然他们不愿意接受驱逐，那么还能让他们法国化吗？也不能。因为哪个民族都不会改变自己的心理构成因素而服从别人。

这两种方法都很恶劣。就算交替使用，还是不能侥幸地改良统治局面。即便这样，这种有害的经验还是被屡次运用。直到将来某一天，我们的统治者才能觉悟，到那时才知道这种方法不对。然后再利用被侵略地的制度、风俗、生活信仰来管理，就像英国人、荷兰人统治属地的方法。这种方法是最简单、最省力也最慎重的方法。只是这种方法现在很难实行。舆论界反对政府的行为，和书报刊物中所表达出来的观念，都足以证明。

西方世界的宗教信仰几乎脱离政治，我们因此认为整个世界都是这样的。在欧洲，很少有人明白东方的宗教问题比其他各种问题都重要，政治的或者民主的制度，公共的或者个人的生活。穆罕默德的弟子就像湿婆的信徒或者释迦的信徒，都由宗教规则来规范。饮食、起居、耕种、收获，东方都看作是宗教行为一样。英国人深知这一特点，所以本身虽然是严格的新教徒，但仍不惜重新修建寺塔，赡养湿婆和毗湿奴的信徒，并且不包庇英国本土来的传教者。今天，如果想在英国统治的范围内找一个主张宁肯让属地灭亡，也不废弃统治原则的人，是不可能的。

保护穆斯林，要依赖有势力的伊斯兰宗教组织。与其削弱伊斯兰教会的权势，倒不如加强它。这是我们的政策应有的基础。法国派驻突尼斯的总督是一个少见的熟悉东方国家情况的人。他曾经示意突尼斯当地的行政长官颁布宗教命令以安抚信徒。他的政见可谓深远了，但还是没能维持多长时间的统治。

尊重阿拉伯人的宗教习惯，就是尊重发源于宗教信仰的制度。但勒罗伊·博利厄反对这个意见，认为这是放任的政策。而且说完全尊重所谓阿拉伯民族的习惯和风俗，无异于令我们的军队和移民离开非洲。

为什么尊重阿拉伯人的风俗习惯必然会导致军队、移民离开非洲，这位先生忘了告诉我们理由。但我相信他必定难以自圆其说。我前面所主张的政策，也就是英国人在印度对待穆斯林的政策，英国人可没打算放弃这么大的一个帝国。

勒罗伊·博利厄所提的建议，和我国民众主张普遍平等的观念正相符。这一观念在于“让土著融入欧洲人”。这种融入，是“让两种本源不同的人民都处在相似的经济和社会状况中，服从相同的法律。在生产过程中听从同一种引导”。

这种纸上描画出来的景象足以让人赏心悦目。只是这些1793年革命最激烈时期的，和今天的理论家们所抱有的平等幻想，甚至不值得印度小官吏的一声嘲笑。一个人可以成为杰出的博学家，却不了解东方人和西方人在思想、感情上的巨大差距。

这位先生对于融入政策也预言了一些困难，但认为这些困难是容易克服的。他认为“柏柏尔人与欧洲人的不同之处在于宗教”。我们不知道这种观点的根据在哪里，但无疑是错误的。如果说文明的欧洲人和今天的柏柏尔人的巨大差异，与酋长布伦努斯时代的高卢人和今天的巴黎人之间的巨大差异相似，这还差不多。

根据勒罗伊·博利厄的看法，柏柏尔人和欧洲人既然很相似，那么应该法国化的只有阿拉伯人了。方法也非常简单容易。所以他说：“应该从根本上改变部落制、原始的公有制、多妻制。这三者改变后，再在细节上调整，以合乎时代，就可以了。”

这种足以让社会党欢欣鼓舞的小改变，这位先生认为非常容易，所以连改变的具体方法都从略了。但我认为，只要稍微熟悉阿拉伯人，了解他们的心理构成因素，必定会认为这种改变的难度，就像让澳大利亚的土著成为法兰西学院的教授，或者是让两栖动物飞翔。

勒罗伊·博利厄还说阿拉伯人是野人，说他们的组织就是“一切游牧种族的组织”。他相信所有阿拉伯人都是游牧民族，而所有柏柏尔人都是定居民族。其实这两种方式，在两个民族中都有。最纯粹的柏柏尔人如图阿雷格人，都是游牧民族。据 14 世纪依本伽东的叙述，在阿尔及利亚，游牧和定居的区别并不是从现在开始的。

从文化能力方面对柏柏尔人和阿拉伯人所做的区别，是从前几位著作家表面观察的结果，不足以作为证据。我现在要反复说明柏柏尔人和阿拉伯人中，游牧、定居两种方式都有，具体要看土壤情况，而不是用种族加以区别。沙漠平原中，阿拉伯人和柏柏尔人都会游牧，而肥沃富饶的地域，他们就定居下来，聚居生活。阿拉伯人从事游牧和定居两种生活，在阿尔及利亚、埃及、叙利亚以及阿拉伯本土国家都有。

从智力发展上观察定居的阿拉伯人和柏柏尔人，两个民族相差不多。如果一定要评判高下，那么宁肯认为阿拉伯人好一点。因为这个民族从前曾经拥有一种最先进的文明，而柏柏尔人的文明还处在比较幼稚的阶段。

勒罗伊·博利厄所最注重的改革，是废止多妻制，但也没有说明废止的方法。他曾具体说明一夫一妻制的优点。他说：“家庭应该限定在一妻的范围。否则，会缺乏家庭精神，丧失兴盛的动力。这就是阿拉伯社会停顿不前的主要原因之一。”

我不愿深究这个问题，并且嘲讽、毁谤所有东方人都是多妻者。要知道这个习惯的存在肯定是有几种力量强大的原因的。我也不想评判东方人的法定多妻，就好于欧洲人遮遮掩掩的多妻现象及成群结队的私生子。这种问题和其他各种问题，可以参考我著的《阿拉伯文明》。

多妻制没有导致阿拉伯社会发展的停顿，现在已经得到了证明。我们不能忘记的是，把希腊、拉丁文化带给我们的人，正是阿拉伯人。600年间，欧洲各大学，即使巴黎大学也包括在内，专门从事翻译阿拉伯书籍，并且使用他们的研究方法。阿拉伯文化是历史中最灿烂的文化之一。不能因为他们的文化已经衰落，就认定多妻制是他们停顿的原因。

这种德高望重的教授又说多妻制仅限于富有人家，但其实数量很少。那么又有什么反对的理由呢？至于说多妻制是阿拉伯社会停顿的主要原因之一，我不知道他的根据究竟在哪里。

勒罗伊·博利厄把我们的拉丁式教育方法作为改变阿拉伯人的方法之一。这种普遍的观点，我从前也曾经赞同。只是自从游历渐广，观察的事物渐渐多了之后，才幡然醒悟这种方法不足以凭借。我这个观点固然不能取信于任何一位读者。但这个问题很重要，所以不能不在后一章详细说明。由它可以知道，欧洲人的教育方式，只能让土著在精神上和物质上都成为可怜的人。

我们对不同于欧洲人的民族实行欧洲式教育的结果不难预料。这种教育经过了世纪之久的改变，才适合了我们的情感和需要，不能再适应不同民族的情感和需要了。非要实行，那么第一个结果就会让阿拉伯人、印度人，或者其他东方人突然失去赖以生存的根据，比如制度、信仰等遗传的观念。如果勒罗伊·博利厄和其他主张对阿拉伯人实行欧洲式教育的观点实行，那么阿尔及利亚之于我们来说，将如同从前的韦尼蒂对于奥地利，今天的爱尔兰对于英国，阿尔萨斯对于德国的关系。

我国的历史研究者有时在书中惋惜狄普来侵略印度的时期不在。惋惜可以，但不能过度悔恨。如果当年统治印度与我们今天统治本地治里和其他属地一样，换句话说，就是用勒罗伊·博利厄所述的原则，那么印度人早就已经水深火热，进而反抗脱离我国统治了。

在越南，我们已经铸成相同的大错，导致那里成为不能容忍的、统治衰落的领地。我们任用政治人员治理东方人。这些人带领一队官员，像管理法国的一个省一样治理该地，没有人了解一点当地人的风俗习惯，所以处处掣肘。如果根据阿尔芒的说法，该地每年可以供给法国本土2亿法郎收入。而现在，不仅没有收入，还要本土输入巨额资金并派驻军队，得到的却是当地民众对我们的深深愤恨，让我们丧失了声望。由此可见，我们并不了解其他民族的需要、情感和观念，并且也不能有效地统治其他民族。

把外来民族的制度、观念、需要施加于殖民地的土著民族，这种危害非常明显。我们可以再多加一句：这种事情是不可能的，从来没有一个国家和民族能够实行。欧洲教育暂时的表面的成就，对于改变当地人来说，力量非常微小。如果你和毕业于英国在印度所办的学校的印度人谈话，会发现这些人所受的教育虽然和欧洲大学里的学生们相同，但在观念上却和我们相距甚远。那些继承罗马帝国遗业的蛮族，需要经过久远的时间，才能成就适合于他们自身需要的文化、语言、艺术。所以，大的变革只有时间才能实现。

两种迥异的文化相互碰撞，是决不能融合的。这已经经过历史证明。那些侵略民族能影响其他民族的原因，是他们在情感、观念、制度、信仰上相距不远。东方人统治东方人比较容易，西方人不能做类推。

这就是阿拉伯人能够在东方世界具有重大势力的秘密。现在他们还在非洲、中国、印度等地拥有这种势力。他们所到之处，都能让那些与他们接近的民族适合自己的文化要素，比如宗教、语言、艺术等。而一旦在一个国家里稳定下来，伊斯兰文明便似乎能够一直存在下去。它能让印度古老的宗教退让，又能让波斯、希腊、罗马都不能同化的法老王的埃及，接受阿拉伯文明。伊斯兰教徒在印度有五千万，在中国有三千万。这个数目还在不断增加。他们已经渗透整个非洲大陆，而那些欧洲的传道者，只能在同一地域内遭受可怜的失败。当欧洲的探险家们历尽千辛万苦，终于到达非洲中部，却发现阿拉伯商队早就来过，所过之处，宗教、语言都已经开始流传。

欧洲人可以是成功的殖民者，但唯一一个开化的民族，其实是信仰伊斯兰教的阿拉伯人。只有他们能让别的民族接受自己的宗教信仰、制度和艺术。

欧洲人统治一种落后的民族，比如英国人统治印度非常容易，但想要改变他们的心理，则是不能有的妄想。我们的主流情感需要和他们相距甚远，不能使他们越级前进。适合于我们的需要的文明，不一定适合这种民族。我们的民众所创造的生活、一直以来的动荡、经常发生的革命、人的自然需要以及为此而进行的劳动、工厂和矿井里的工人的生活、只有劳苦没有自由的状态，都不能够影响他们。我在游历中，经常遇见来自东方的游历欧洲的知识分子，他们还没有谁被我们的文明诱惑和驱动。东方人在和欧洲人接触之前，都认为比欧洲人更为幸福，更为正直，也更为有道德。而我们的文化对于东方人的唯一作用结果就是，让他们的境遇变坏，让他们更为窘迫贫苦。

想要阐明上述道理，非要一章的篇幅才能说清楚，现在不过是说个大略情况而已。我希望勒罗伊·博利厄先生深思一下。想要用教育达到法国化的目的，虽然是现在法国国内的普遍观点，但有学识的人还是不能一味盲从主张。

不如让社会党来主张这种观念。一个种族的制度进步，有一种必要的联系性，不能任意选择。要根据发展进化的规律，以及适合需要。不必追求理论上比较优越的文化，只求适当的文化就可以了。

20 年间，我曾不间断地主张这个说法，现在渐渐有听得进去的人了。阿尔芒大使是熟知东方情况的人。他在著作中表达意见如下：

“种族和社会形态会因为自然以及发展环境的不同，而程度有高有低。相距越远，用同一种法律、同一种教育方式进行管理和教育就越难。不承认这个道理，就是殖民者和殖民地民众最大的和最不幸的错误。”

这种信心是由考察实际情况得来的。欧洲人想要拓展领土，让异族臣服，就应当遵循这一点。进行统治的时候，一定不要用同化的方法，要尊重适合于这种民族精神及物质需要的心理构成因素和社会政治组织。这样做，对于殖民者和殖民地都有利。

我国的多数政客都离这种观念太远。我国的行政官吏常常对殖民地民众宣示自己的人权主张，想让他们明白我们的制度有多好。这种幼稚观念可以作为他们对殖民地心理认识的标准了。

四

除了对殖民地实行同化方法，还有连带的激进党派的专断方法。这也是时代发展的必然。即使最小的政治领地的总督，也经常以君主自居。他们的所作所为，与奥地利、亚洲等国的暴君无异。《晨报》1910 年 3 月 29 日的一期载有某位在圭亚那的旅客的信件，可以作为证明。现在节录如下：

“国内派驻属地的高等官吏，都想在当地经营某项事业以求利，或者是谋得一个议员席位。如果驻留时间长一点，则染上一种专制的疯病。颁布皇帝的上谕，命令捉捕缉拿民众，不法监禁，驱逐出境，恐怖的气氛遍地都是，酝酿出混乱局面。这些行为一旦过于激烈，他们被中央政府召回，也会立即派往别处，接受有利的使命。”

至于那些不幸的移民，根本没有安宁可言。政治上受专制，商业上受专制。关税率有不同的解释，因为官吏收受贿赂优待甲而压制乙。营业没有安全保证。如果买地种植椰树，报告时政府答应给 80 生丁补助金，等到资本已投入之后，补助金却减少到 30 生丁。怎样发放，预算上没有定额。如果当事人提出要求，对方则必定驳斥说：“政府又没让你们来，你们为什么要来这里呢？”

由此可知殖民地的景况。只要跟相邻的地方比较一下，成绩明显。英属以及荷属的圭亚那日渐兴盛，而法属的圭亚那则日渐落后。

我在前面节录过科特迪瓦现任总督的布告，从中可见我们殖民方法的恶劣，过度扰乱了民众心理。英国《非洲邮报》曾对它的危害发表看法：“两年以来，科特迪瓦变成了战乱不绝的地方。这种状况在近代非洲西部的历史中从未见过。政府种下的祸根，政府就要接受结果。”

从科特迪瓦的现状所得到的教训大概有几种，最重要的是残暴的税收政策。向那些森林中的部落征收重税的疯狂举动，只有用野蛮的方法，如焚烧村落、抢掠，才能实现。

如果自称文明的政府却把土著首领的头颅悬挂在长矛上示众，如果要扣押土著村落的收获来纳税，又怎么能怪当地民众要叛乱，要脱离这个可恶的政府呢？

我们当然也可以说，德国人的殖民成绩也不见得好。但这种自我安慰无济于事。德国人所用的方法有时候也很暴虐，但他们的方法很多，能人也不少。所以他们能获得刚果殖民地的财富。他们从没有自居为人类的功臣，他们仅自认为是本国的功臣。而所谓殖民的目的，如果可以说出什么来，也就在于此了。

第二章
欧洲教育对落后民族的心理结果

法国对于殖民地的看法前面已经研究过了。所要说明的是一个专门问题，也就是欧洲文明、我国主要制度、教育对殖民地土著的影响。这个问题在法国是常被热烈讨论的问题。舆论和政府为解决这个问题所选择的错误道路，我们都知道了。我们专门注意的是，法国化的阿尔及利亚的阿拉伯人、越南的黄种人、马提尼克的黑人，在这些地方强制实行我国的风俗、法律等，想要像统治法国国内的省市一样统治他们。

这个问题不仅对法国关系重大，而且也是个国际问题。凡是有殖民地的国家和民族，迟早有一天会提出这一点。

我所主张的原则，在国内赞同者非常少。要知道这些固执己见的人，要经过多次游历有所收获，才能相信有这种说法。英、荷所属的殖民地采用了这种原则，日益兴旺繁盛。而我们使用不同的心理方法，以致相形见绌。从统计数据中所表现的来自殖民地代表的诉讼以及预算负担的日益加重，就可以知道了。

在各种文化要素中，人们认为教育最重要。现在就专门研究这一问题。

欧洲教育对于土著民族的成绩没有明确证据可说。我前面所述的阿尔及利亚的情况，人们可以回答说那是因为施行的范围太小了。还有人说，应该举一些别人在殖民地的观察来证明。那么就先说一说英国人在印度所实行的欧洲式教育的经验。这种经验在 2.5 亿人中实行，为时七十余年之久。历史中能称得上重大经验的，应该没有比这更明显的了。

这一举措由麦考利提出。1835 年时，他是加尔各答总督府参事。他认为印度的书籍和学问都不如《圣经》和英国作品。受他影响，本廷克总督及政府于是决定，印度的英国学校专门教授英国文学和欧洲科学。试验开始后，一直继续下来，从未间断。印度今天所设的大学有四所，普通学校 13 万所，学生 300 万人。教育经费每年 5000 万，以三分之一供小学使用，其余则供给中等教育和大学教育之用。

如果从直接的功利目的而言，英国人可以得到成千上万的廉价的下级官吏，以供邮电、铁道等处各部门使用。如果使用来自欧洲本土的英国人，价格要增加 20 倍。这个好处实在无可厚非。

但这仅仅是就这一方面说的，此外还有别的需要仔细研究的地方。一个是，被英国教育所熏染的人，他们对于施行这种教育的殖民国家来说，是敌是友？另一个是，欧洲教育能增加他们的知识，增强他们的道德性吗？

对这种问题，在理论上的回答毋庸置疑。教育难道不是宇宙间包治百病的良药吗？能在欧洲取得成绩，在印度也应如是。何况印度民族的文化还是最古老、最发达的呢。

但是，来自现实的情况与理论绝对相反。足以让教师们惊愕的是，欧洲教育把印度人的精神世界打乱了，让他们失去推理、想象的能力。后面我会专门论述道德低落的程度像其他方面一样。

这是今天主张进行欧洲式教育的人所不能否认的地方。这种观点可以从莫尼埃·威廉姆斯的书中看到。他之前是牛津大学的梵文教授，也是和我一样在印度游历过的人。他的书中说：

“我对于教育事业的总体成绩的看法，感觉并不好。这是不能不自己明白承认的。我已经见过很多接受了不良教育，导致不良成长的人。换句话说，他们没有特点，没有精神。这种人可以在书本中获得多数知识，但是缺乏坚定的思想。他们大多数都是只会说教，似乎都患上了一种语言疾病。他们不能持久努力，即使有一点行动力，想要做点事情，可是行为却不符合规矩，与他们所宣称的书本理论相悖。

“就算他们放弃了自己国家的语言、文学、哲学和固有的阶级传统，以及长久流传的习惯，也不能因此就认为他们是我们的科学技术的好学生、正直的怀疑派，或者虔诚的基督教徒。

“我们尽力培养这种所谓有学问的殖民地原住民，他们不但不知道感恩，反而利用他们所受的不完全教育来反对他们的师长。”

所谓有学问的原住民有语言疾病，的确像他说的那样。他们一看见欧洲人，就庄重地询问这个人喜欢的文学家是莎士比亚还是蓬松·杜泰拉伊，英国国王是否在伦敦打猎，以及国王有几个妻妾。

观念上的无法沟通是显而易见的。毗湿奴、朱庇特、英国王储、古希腊罗马的英雄、古代的共和国、当代的君主制国家，都在他们脑海中出现。他们也很容易就把英王、国务总理和王储，想象成婆罗门教中三神一体的梵天、湿婆和毗湿奴。即使接受了英国式教育，但他们还是会借助民族传统观念来解释新事物。

欧洲教育培养出来的民族是敌是友？这个问题前面所举的文章已经有明确回答。例子很多，不胜枚举。印度人中，受英国学校培养的人，没有不反对英国的；而被印度本土学校所培养的人才则相反。他们认为英国的管辖统治比蒙古国要宽松，而且可以享受平和的环境。

想要知道接受欧洲教育的印度人的意见，只要读一读他们刊行的多数报纸就够了。他们对待英国政府的言论，比我国的在野党对法国政府的批评都苛刻。从前以温和出名的印度人，一旦接受了英国式教育，就立即变成凶徒。至于英国还能保存声望的原因在于，这种攻击言论在印度的大多数人中得不到响应，因为识字的印度人太少了。

英国人所培养的印度知识阶层，都把“印度属于印度人”作为口号。但这个口号实在缺乏意义。因为印度种族非常多，语言不下二百种，各部分没有共同利益。除了村落和种姓外，他们没有政治和社会地位的要求。

这种知识阶层还不甚可怕，是因为人数太少。但他们的数量在逐日增加，将来英国在印度的势力必定会有受威胁的一天。

欧洲式教育能否增长印度人的智慧，以及能否让受教育的人变得友善，这一问题，都已经分析过了。现在要说的，是欧洲教育能否扩展印度人的道德性这个问题。

答案很明确。欧洲教育不仅不能增长印度人的道德品行，而且会让它低落到一种让人意想不到的程度。这种教育把平和正直的人变成欺诈贪婪不知廉耻的人，对于同类则傲慢专横，对于主人则卑躬屈膝。现在再举前面提到的英国教授的文章以证明。

“欧洲人固然有很好的美德，但恶劣的地方也不少。印度人学习我们的优点很少，而学到的缺点则很多。富于经验的军官常常跟我说，刚并入新土地的时候，居民都不会欺诈、虚伪、吝啬、好诉讼以及其他缺点。并入之后，在法庭前和正式交际场合中，这些缺点开始表现出来。”

接受英国教育的下级官吏，缺乏道德性尤其明显。英国人知道这一点，所以严加防备，以免铁路、邮局的员工被他们影响。

为什么接受欧洲教育的人一定没有道德呢？因为我们的教育不适合印度人的心理构成因素，以至于破坏了他们行为所依据的传统势力和旧有信仰。他们既丧失了先人遗传下来的道德，又不能采用欧洲人的主流道德观念。从前的印度人，需要非常简单；新的教育却让他们产生了无数不能满足的需要。他们一方面轻视同族，一方面又自知是被主人轻视的。他们在社会中不能找到自己的位置，于是窘迫困苦，陷入迷途。所以一下子变成了对他们进行教育的人的劲敌。

这不是不适合一种民族心理构成因素的教育本身所造成的结果，通过比较可以知道，印度的知识分子，接受印度本土教育的人，都是正直可亲的人。他们中有多位列席欧洲学者会议。他们那种可钦可敬的态度与那些英国学校所培养出来的既傲慢又卑微的人不可相提并论。

憎恶师长的心态，不仅印度是这样，我们在越南也遇到了同样的错误，收到了同样的结果。读1909年12月27日《新闻报》所载的越南总督克罗比古斯基的报告可以知道。报告详细叙述了越南人的厌恶之情与日俱增。结尾说：

“谈话中，讲演中，人们都非常激动。人民反对法国政府以及对我们的事务有帮助的越南官员。除了传播冒险观念的知识分子外，情绪最激烈的人是毕业于大学但没有取得相应社会地位的人。他们自负于出身，却又被社会事务摒弃在外。其中有我们眼看着他成长的人，这些人要求非常多，学问却一知半解，据说还想要达到日本人的程度。”

克罗比古斯基看到了拉丁同化观念的坏处，又表达了忧虑之情。“想要用我们的习惯和社会观念，改变他们流传几个世纪的礼教，这不是在劝他们进步。”有一个例子，越南的乡制最好，却因为我们政府的屡次直接干涉，发挥的作用常常受到阻碍。

对于世代遗传下来的东西不应该做大的改变。它们都是一个民族法律、风俗依据的因素。它们被时间巩固，不能更新，不能违反习惯。我们在政治和行政范围内进行的突然改变的举措，会对未来造成威胁。

五

放下这个不说，我们再说一下我们的大殖民地阿尔及利亚。大多数法国政客的观念，都认为非得用教育进行法国化不可。这个地方的民族跟印度有区别，所以结果或许会比英国人在印度的下场要好。

想要考察阿尔及利亚的穆斯林的教育情况不容易，因为那里的穆斯林在学校学习的很少。我们所能见到的，只是一个很小的范围，但从中也可以看出一个明显的结果。现在节录保罗·杜马所著的《非洲的法国人》一书如下："1868年是个灾荒年。阿尔及利亚大主教拉维热里收养了很多当地弃儿，希望借此传播宗教。但这种慈善行为的经验，可以当作教训，也可以让人叹息。不久前，我从阿尔及尔到君士坦丁去的途中，和一位地位尊贵的教士谈话。他对于改良阿拉伯人似乎已经绝望。"

据他所说，拉维热里的孤儿院"收养的孤儿有四千人，但他们成为基督教徒的仅百人，其余人都回归伊斯兰教。这些孤儿在阿尔及利亚名声特别恶劣。欧洲移民雇用他们，不久就会辞退。所有民族的恶劣品性，比如偷盗、懒惰、嗜酒，以及我们的坏习惯，他们都有。人们也试着让他们通婚，并把他们安置在特别的村落，给他们工具，又给他们土地耕种，但结果却实在可悲。1880年，这种村落里竟然有人杀害了神父。"

前面所讲的经验，对阿尔及利亚来说都并不陌生。教育对象是儿童或青年，教授的方法或者是学校的书籍，或者是人的口授，但结果都是一样的。各种纪律中，足以约束、规范人的，当属军队纪律。阿尔及利亚由法国军官统领的军队所招募的阿拉伯人，能在数年的接触过程中法国化吗？不能。阿拉伯人是勇敢的士兵，我没有异议。可一旦脱掉军装，他们被浸染的最少的那点欧洲元素也就同时被剥去了。

“士兵退伍之后，穿起原来的衣服，回到原来的村庄，或者游散在外。每天只想着吃饱了，娶很多女人。在道德信仰上，他们只信一个神，那就是上帝和上帝的唯一弟子穆罕默德，和法国人差别巨大。他们和法国人相同的地方，只有恶劣的缺点。其中有一种缺点，是他们后来学的，那就是嗜酒。”

如前所述，通过教育把我们的文化灌输给阿尔及利亚的阿拉伯人，难比登天。这不是我一个人的意见，那些曾经研究过阿尔及利亚的人，他们既没有偏见，也不涉及个人利害，但都异口同声地这样认为。即使对象换成从摩洛哥到亚洲腹地的穆斯林，也都认为我们的教育能把伊斯兰教徒变成强敌。有见识的伊斯兰教徒答复我的咨询时都说：“我国这种教育试验的结果是，把他们民族的特性改变了，让他们生出很多不能得到满足的需要。总而言之，让他们民族的命运更暗淡，把他们变成不安分的人。”如果把这种教育在我国地中海地区的殖民地普及，那么接受英国文化的印度知识分子的“印度属于印度人”的呼声，将变成“阿尔及利亚属于阿拉伯人”的呼声。

这种事实在印度，在阿尔及利亚，或者在别处，都完全能够证明想要用教育来改变民族，是没有希望可言的。继续实行这种试验，后果是非常危险的。

如前所述，千万不要误会我是反对教育的人。我只是想说明，适用于文明的欧洲人的教育，不适合于其他文明，更不适合于没有教育基础的民族。

欧洲教育对文化落后的民族有所帮助的地方，只有技术教育、简单知识的教授，比如算术和适用于农工生产或者手工艺的知识。可以作为根据的，仅此而已。如果教给他们法国君主系统或者百年战争的原因，我没见过他们谁会对此产生兴趣。

第三章
欧洲制度和宗教对落后民族的心理结果

如前所述，欧洲教育的结果，只会让原住民风俗败坏，变成欧洲人的敌人，而且不能增长他们的智力和知识水平。这个问题暂且搁置，不再讨论。现在就另一个同化要素进行论述。这个要素就是制度。欧洲制度是否能影响殖民地的土著民族，又是一个问题。

改变制度以改造某一民族，这种观念在法国颇为流行。我国的制度似乎非常先进，再加上我们的民族有一种统一的嗜好。时间上的统一自然不可能，空间上的统一似乎可以达到，于是他们把纯粹理性的和抽象的政治理想作为真理。想要像布道者一样，把它传播到世界，求得人类的幸福，这种实现法国化的方法真是百折不挠。

我们的国人是想凭借这种理论引导人们把殖民地都改成国内的省市行政区，而不管那里是黑人、黄种人、阿拉伯人还是野蛮民族。他们都应该享有我们的大原则，以及公布的人权权利。所有殖民地都应该有普遍的选举制度、自治机构、各级委员会和审判机关，在两院中有议员代表。他们想让那些思维还与我们石器时代祖先相似的黑人越级前进，一蹴而就，跳过现在种种复杂的政治因素。

这个方法实行很久了，所以不难看到结果。危害还用说吗？昔日兴盛的地区，现在都变为落后的地区，预算上都要依靠国内供给。

这种衰败局面固然是由于同化造成的，但殖民地要求同化的呼声却越来越高，一直都没停止过。我们可千万别认为他们这样的要求，是真赞赏我们的行政司法制度。他们是想要得到跟本土相同的财政利益。与其效仿英国在殖民地，由当地出资建筑道路、海港或运河，我们殖民地的民族宁愿国家承担这种公共工程。他们所追求的同化，是想要成为国家养活的人。听一听留尼旺岛首脑的话，就能发现他们的本意。他说：“我们希望殖民地渐渐被本土同化，成为一个省，但不愿意因为同化而像法国本土人民一样纳税。”

同化的制度从理论上说，看似很简单，所以才具有诱惑力。但就实际而言，复杂程度不可言说。我国的行政司法制度最复杂，因为它适合的是一种最久远文化的复杂需要。在文明的国家中，行政行为最烦琐，就像生死、婚姻的条文，数不胜数。即使就法国国内而言，懂得自治机构事务、各级委员会事务、调解法官职责、初审法庭职责、上诉法庭职责的，又能有多少人呢？现在却想让黑人、阿拉伯人、越南人都明白这种复杂的体系，完全采用，可能吗？还要想到，需要对种种违反的行为进行处罚，增设监管他们行为的官吏，还要为买卖一点土地、索还一笔债务规定各种条文格式，这是不可能做到的。这种民族只接受能适合他们需要的制度。如作用简单的审判、赋税制度，他们都已经熟知了。想要对这些生活上不愿意受到拘束的人，用复杂制度加以管理，我们所谓的自由，对他们来说就是苛政。

这种困难不足以阻止我国理论家们的热心，他们还是想强迫殖民地获得这种“幸福”，让他们享有我们这种复杂制度的利益。

为了维持这种制度，于是派遣无数官吏。这算得上是我国唯一重要的输出品了。马提尼克一个地方的居民 95% 是黑人，而法国官吏有 800 人之多。我国在印度还保存的三四个村落，除了上下院议员不计，官吏也在百人以上，其中法官有 38 人。而在越南，官吏都可以组成军队了。

官吏离国赴任的时候，也不是没有热诚。但实际实行后，才知道强迫一个民族放弃固有制度而服从别人，实在是书本中的幻想，结果只有制造混乱而已。遇到的困难越来越多，他们只好另外寻求一种制度，以调和各方利益。但效果并不好，不能满足任何人的要求。偶尔遇到严厉的总督，会对这些官吏免职，殖民地才能得到暂时安宁。这就是康斯坦斯在越南实行的方法，裁减多数官吏，让一个小城市安定，每年可以节省开支八百万。但他离任之后，那些被裁的官员就复职了，这也是理所当然的事情。

这种恶劣结果不应该都归罪于官吏无能，而应归咎于职务太小。当他们离开法国的时候，就赋予他们推广实行我们的制度的任务。不能拒绝，也不用了解。看着很容易，但一到地方就发现困难重重，官员无能为力之感顿生。所以总督们大多放弃这个过于沉重的任务。越南在六年之中换了 15 个总督，每人在职时间五个月而已。现在固然不乏任期时间长的，但实际上是因为报酬高，或者上面把这种位置给了那些有势力的政客。

每位新总督上任时，知道前任总督失败之处，于是试行另一种不同办法，但恰恰又增添了混乱局面。而且这些方法也并非出于他们本人的主张，其实都是遵循国内电报传来的强迫性命令。前述的总督康斯坦斯在下院演说时曾说："我在任六个月，已接到四位总长的授意。每个人都给我不同的命令。"

这样的结果是可以预见的。刚开始还只是社会混乱，接着就会有公开的暴乱。即使不这样，也会积攒民众的痛恨情绪。对于这一点的证明，很不幸，都是一致的。越南海盗聚众扰乱的真正原因，并不是出于当地民众的爱国心，而是非要招募原本平和的民众做运输工，让他们离乡背井做苦力；焚毁他们的村庄，虐待民众，并征收重税。税额有的要超过物价的两三倍。海盗是我们的行政机关所造成的灾祸，以及我们所包庇的当地官员过分恶劣的结果。

我们自己造成的这种可悲结果，不仅在越南是这样，在所有新旧殖民地都一样。例如让阿尔及利亚的犹太人全部归顺我们的制度，几乎导致我们丧失了这块殖民地。又比如科林在巴黎某个大报上所述的，在塞内加尔所见的事实，也完全可以看出，强迫实行我们的制度的危害。他说："排斥、废止黑人的社会组织，无异于酝酿一场永久战争，让一切崇奉偶像的人、穆斯林和奴隶都成为我们的敌人。"这些都是在殖民地实行欧洲制度所得到的结果。

三

教育和制度的影响都已经研究过了，现在要研究的是宗教信仰的力量。如果说我们国家现在的政治家主张传教主义，这是冤枉人了。靠武力庇护传教士，扰乱东方社会制度的行为，已经成过去式。今非昔比，我们的殖民地的民众都有信仰的自由。我想要说明的是，凡是进步的、高级文明的各个要素，都不能强行在落后民族中实行。

列举几个数字，就能够证明我们的宗教信仰对东方人的影响。但如果只听传教士们无能的自说自话，前面的那些可以不用提了。

阿拉伯人能否接受我们的宗教信仰，我已经引证过拉维热里大主教的四千孤儿的事情。孤儿培养于基督教之中，却经常和当地民众接触，于是大多数孤儿成年之后都会回归伊斯兰教。

英国人在印度的成绩也不见得好。英国教会大会时，教士泰勒报告说："传教士传教已经有一些年头了，虽然有英国政府的庇护和重大经费投入，但所能募集的教民为数很少，而且都是下层民众。"至于在那些没有政府可以依靠的伊斯兰国家，成绩应该更不好。传教士在阿拉伯、伊朗、巴勒斯坦等地，耗费大量资金，劳心劳力十年，只能勉强让那些低级仆役信教。除了仆役，能使之改变信仰的，只有一些痴傻的女子了。由这种种证据可见，要把我们的观念、思想、文化灌输到东方人的脑子里，用任何方法都不可能。

我只是想说宗教不能同化东方人，并不是要责难传教士。他们的勇敢和理想我都非常尊重。他们常常在半开化地区为国家尽职。比如在叙利亚，通过学校传播我们的语言文字，是著名的例子。

我似乎已经淋漓尽致地表达了我的想法。在殖民地实行我们的教育和制度的结果，只能扰乱他们的生存状态，并把他们变成我们的强敌。

这种事情必定事出有因，这才是我想要解决的问题。事实都是总的规律的结果。我想要阐明的就是这总的规律。为什么不能把落后民众和野蛮人提升到我们的文明程度，种族没有统一性的理由在哪里，这就是我所要勉力为之，进行研究的问题。

第四章
欧洲文化不能改变落后民族心理的理由

文明的各种要素，如制度、信仰、文学、语言、艺术等，和民族所依据的思想、情感产生的方式相关联。方式变了，文化才会随着变化。

教育只能大略呈现一种文化的成绩，制度和信仰代表着这种文化的需要。如果一种文化与一个民族的观念、情感不相符，综合这种文化的教育方式就不能产生影响。制度也一样。制度和一定的需要相关联，而与别的需要没有关系。

东方民族与西方民族的距离甚远，制度并不通用，观念、情感、信仰、生存方法也都大相径庭。当西方民族日渐脱离传统势力的时候，东方民族却还生活在传统势力之下。东方社会的习惯没有改变，但欧洲人还没认识到这种固定习惯。我们的信仰已经不在了，但他们却恭谨地保持着自己的信仰。家族的势力在西方民族中已经失去根基，而在东方民族中则掌握着大权。我们已经失效的原则，在他们当中还保持着相当的权威。他们有最稳固的信仰和简单的需要。而我们的信仰已经不确定，但需要最多。

古代社会的基础，如宗教、家族、传统、习惯等，在欧洲都早已被颠覆了，但在东方，它们的势力还在，还没有被危及以及被替代。

其中尤其足以表明东西方之间的鸿沟难以填平的，是制度。东方人的政治和社会制度，不论阿拉伯或是印度人，都本于他们的宗教信仰。而在欧洲，即便是信仰最坚固的民族，他们的政治制度与信仰分离也已经很久了。

东方人没有民法法典，只有宗教法典。新的判例的增加，需要有来自宗教的命令。英国人在印度修复浮屠，优待毗湿奴和湿婆的信众，并常表示尊重他们臣民的宗教信仰，就是出于这种宗教性制度的考虑。《摩奴法典》是宗教和民事的古老法典，是印度2000年来最根本的法规；《古兰经》则是伊斯兰教自穆罕默德以来的最高法规。

东方民族和我们的主要差异，不仅在制度和信仰方面，在生活琐事上也有巨大差别。尤其明显的地方在于，他们的需要简单，我们的需要复杂。东方人很简朴，他们的生活状态如果在欧洲，必定会被看作是最穷困窘迫的。但他们却能泰然对待，居住在陋室或者帐篷里，寝食都很简单。同样一个人如果在欧洲长大，必定会产生很多被我们的文化所创造的人为需要。所以他们很难自给自足。由此，原本简朴的人、自足且自得其乐的人，一下子变成不满的人、窘迫困苦的人、激动愤怒的人。在印度，欧洲教育造成危害的地区非常大，这种状况尤其明显。当地人接受英国教育而且受到帮助的人，月薪可得到30法郎；一旦任职，就学着欧洲绅士的样子，西装革履，出入当地的俱乐部，吸雪茄烟，看报纸。结果却是，他们仍自认为薪水太微薄，命运太可悲。但如果用这些薪水去供养当地传统的印度家庭，供两家的生活都绰绰有余呢。

再比较一下阿尔及利亚的阿拉伯人和欧洲移民在需要方面的不同，也可以发现同一环境下，不同文化的差异。有一把储存的谷物做饼，有一碗清水喝，有一套衣服穿，对当地人来说已经足够了。再看看与他们相邻的欧洲移民的需要。即使是最下层的移民，也要住屋子，有酒肉食用，有各种衣服可穿。总之，凡是在欧洲环境中养成的人为的物质需要，他们都有。

从各地所见的这么多事实可以得出如下的心理规律。欧洲教育一旦用于当地，让当地人深受困苦，让他们勉强接受新观念和一种无法自给自足的精细的生活方式，必定毁坏他们过去的传统习惯，使得他们对现代社会无所适从。

能否希望我国的制度和教育方式能让东西方互相接近，填平鸿沟巨壑呢？根据前面的证据，这是不可能的。就理论方面而言，民族最难改变的就是遗传的情感，想要相互接近更难。何况使得东西方产生巨大差别的，正是这种遗传性呢？

在国民情感的基础上，构成一种相同环境、相同制度和相同信仰的行为，已经有几个世纪了。这种情感不是教育所能改变的。它代表一个民族的过去，是历史经验和行为的结果。综合在一起，就是民族的性格。它力量极大。

这种民族性格是历史发展的主要原动力。古罗马人能制伏希腊，少数英国人能制伏印度，坚忍果决的力量要大于智慧的力量。无论什么样的教育，都不能遏制黑人易于激动、没有远见、缺少决心、不能坚持的特点。

如果把教育当作巩固记忆的方法，如牢记书中理论一类，那么落后民族如黑人，也可以和欧洲人并驾齐驱了。我国大学教授伊波从美洲归来时，对黑人赞赏不已。他看见黑人在教室里做几何的证明题，翻译修昔底德的著作非常完美，于是认为“黑人与白人同为上帝之子。造物主并没有让他们有根本区别”。

黑人和白人是否同为上帝之子，我不知道。但我知道这位先生被幻想所误。被这种幻想迷惑的人还很多呢，那些从事于落后民族的教育的人，如传教士等，都是。

所谓的幻想，是因为他们不明白民族发展的不平衡。即使从旧的教育方法来说，人重要的是记忆，落后民族的智慧只能达到一定限度。从离开学校后的白人和黑人的生活观察，可以发现他们的差别。当地人所接受的欧洲教育，就像舞台上的临时服装，演出完毕就要卸妆。我曾经和得到学位的印度人谈话，常能发觉他们和我们的主要观念、伦理、情感的距离非常远。那么落后民族和野蛮人永远不能达到欧洲的文化程度吗？这也不是我的本意。他们将来可以达到这样的程度，但需要经过若干阶段，不能越级，不能一蹴而就。我们的祖先也曾经处在野蛮落后的状态中。需要经过千年的努力，才能享受今天发达文明的利益。

社会有明确的进化规律，和生物进化相同。种子长成大树，孩子长成大人，文化程度的提高，都需要循序渐进。我们固然可以用暴烈的方法妨碍民族的发展，就像要阻止种子长成大树就直接砍断一样，但我们绝不能人为改变社会进化的规律。

我们不能把自己的文化强行实施于落后民族的主要理由，可以用一

句话概括，那就是文化过于复杂。一种制度、信仰和教育方式能适合一种民族的心理状态的原因，在于它具有简单性，能够让人了解，而不致扰乱民族的生活状态和文化。

伊斯兰文化就是这样。这是他们能够在东方世界有巨大势力的原因。被伊斯兰征服的民族，大多是东方人种。他们在情感、需要、习惯上相近，能比较容易地被伊斯兰文化同化，而不会有欧洲文化的复杂性，使得他们在进行根本变革时产生弊端。

历史学家认为，伊斯兰民族能在世界范围内享有无形的和智慧上的巨大声誉，是因为他们的强大实力，所以今天，伊斯兰民族已经失去政治势力，但他们的文化却继续存在。在中国有2000万穆斯林，他们从来没有执掌政权。在印度有5000万穆斯林，比蒙古统治时期还多。自罗马人统治以来，能让其他各个民族采用其文化要素，如宗教、制度、艺术等的民族，伊斯兰民族是唯一一个。

现在，他们的势力不仅没有被消灭，而且相较于他们掌握实权的辉煌年代，有过之而无不及。《古兰经》以及本于《古兰经》的制度都很简单，大多都能适合原始民族的需要，所以很容易被采用。穆斯林所过之处，即便是最寻常的商旅民众，人们都能看到他们遗留下来的痕迹，比如制度、宗教等。近代的探险家到达非洲内地，都能看见当地土著部落的伊斯兰教信徒。今天，大概是要回到伊斯兰民族开发非洲土著民族的时代了。如果追随欧洲人在东方的足迹，只能看到他们要么是侵略者，要么是商人，不曾想着要留下点无形影响的痕迹。

本章和前章的结论都非常明确。欧洲人不能用教育、制度、信仰或其他方法迅速改变东方人和落后民族的文化。即使像日本最近些年的历史，也不能够改变前面的结论。这个民族已达到一种文化的高度，但如果换成另一种高度的文化，还是一个特例。我这本书不能详细说明，只能述其大意了。日本人虽然完全采用了欧洲的科学技术发展的成绩，但他们在根本规则、信仰、性格上没有发生变化。就像是封建时代的男爵再生，人们教给他使用机车枪炮的方法而已。他们的心理状态能因为这种教育而发生变化吗？日本人的性格从来没改变过，只是在外表上、生活上表现得像是欧洲人，隐藏了他们固定的生活本质而已。

总之，我们侵略的地方，在侵略之时，从没见过有像日本古代文化这种教化程度的。我们可以反复申明同化或者法国化一种民族，纯粹是危险的幻想。保留当地人固有的习惯、制度和法律，我们只保持一种高级监护权就可以了，不必强行使用我们的复杂的政治体系。想要达到这一目的，应该大大减少我们在殖民地的官员数量，应该要求这些官员多了解当地人的风俗习惯和语言，并应该保证他们地位的尊严，要让他们有必要的威望。

这种简单的改革计划，我只是说个大概，不用细说。想要让它达到广泛的舆论程度还为时尚远。当前的政治观念已经成为一种不可挽回的潮流。我们耗费无数人力和财力，想要实现这种同化的幻想。这种幻想是被情感指导的，理性理论无法挽救、纠正。想要用理性加以挽救，只有用牺牲巨大的最残酷、最暴虐的实验。只有灾难才能让人清醒，从而放下虚空的幻想。

我们不禁要痛彻心扉地扪心自问，我们的祖先牺牲无数生命，我们却固执于错误想法。还有政治家自信能求得其他民族的幸福吗？还有经济学家主张要改变阿拉伯人的心理状态，根本改良他们的共产观念和家庭制度吗？

再试着思考一下，我们为这几种人道的和简单的理论所做的牺牲。我们为民族的自由和统一，流无数鲜血，而这种民族现在却与我们为敌。我们固执地要用这种理论来法国化那些处于传统势力下的和平民众，我们所获得的，除了怨恨和不断的战争，还有什么利益可言？

那些去法国之外的殖民地，如英国人、荷兰人的殖民地游历的法国人，全都自愧不如。英国人统治 2.5 亿印度人，官吏不过千人，军队仅有 6 万人。印度却能享有和平，运河、铁路和其他工程遍布各地，而且没要求本土贴补一分钱。统治者的实力，植根于无形的威望。而这种威望，我们想不到的是，它得自当地民众。这亿万原住民，没有所谓的普遍选举权，没有各级委员会，没有代表当地的两院议员。统治的方法只是遵循旧的传统习惯，同时稍微受到少数欧洲人的高度宽松的以及不常加以干涉的监管。

他们的境遇比我们殖民地的原住民要差吗？当然不是。如果有人相信我的话，可以到法属印度的几个村落调查一下，当地人的痛苦一目了然。如果再到英属印度看看，可以发现他们那里面积广大的地区却只有一名官员，当地人也不仇恨他。还能发现英国人尊重当地的制度和风俗习惯，给予当地人以真正的自由。看到这些，你必定会愕然惊异。如果我能让所有法国人都做一番这样的游历，我敢说，再也不会有一个人反对我的说法，非得要主张那个同化的大原则了。

当然也不能轻视这种原则。它也是一种新的思维。这种新想法是我们所失去的宗教幻想的产物。人类不能离开幻想而生存。但我们何妨放弃传道者的角色呢？我们应该知道近代经济矛盾激烈，只有强者才能生存。虚妄的幻想不但不能保证祖国的未来，而且还会让我们丧失发展能力。

第五章
殖民的新方法

历史中殖民的方法有两种。罗马人最初使用的方法，是用武力侵略一个民族，掠夺他们的财宝，贩卖壮丁，再任由别的人种在那里繁殖。等到那里再次变得繁华后，他们再进行侵略。这种方法固然很简单，但因为耗费太大，不利于战胜国。到了帝国时代，产生了第二种方法。这种方法是设总督进行管理，对那里的居民征收重税，以保安宁。从那以后，这种方法到现在也没有大的变化。

这种方法也难免有难题发生。就是需要对那里进行军事防御，以免别的国家武力夺取。再者，治理当地也要有一定的程序和知识。如果治理不好，被统治的民族会让统治者感到不快，可能会发生冲突。我们的殖民地不但不能让我们的国人有所收益，而且耗费非常大，危险与日俱增。这一点，人们都知道了。

除了上面的两种方法，德国人又增加了第三种巧妙方法。让外国人统治、防护一个地方，而德国人仅仅收获利益。这就是他们在摩洛哥所用的方法。想要实行这种计划，需要具有一定的特性，以及足以排斥竞争对手的工商业方面的优势。德国人的技术教育非常好，已经具有了这种优势，与他们竞争非常难。英国人已经放弃了竞争。德国人所到之处，最初人数很少，但很快就开始增加。他们抢占一切工业和商务领域，现在只是在等待他们成为实际掌控者罢了。

20 年来，德国人侵略蔚蓝海岸（法属地中海沿岸的一部分）的方法就是这样。那里是地中海沿岸风景秀美的地方，在历史上是必争之地。现在德国人势力所及，已经有二百公里。那里不但成为德国移民的地区，而且成为他们的经营之地。他们先侵入旅店的经营，目前几乎被他们掌控了。营业的人员全是日耳曼人，顾客也几乎都是。1906 年时，我在芒通调查当年的旅客人数，在 22 所旅店中，德国人有 350 人，法国人只有 50 人。蔚蓝海岸一带，由法国人开设的，仅有几所低级旅店。

战争之前的德国人贫穷而能吃苦耐劳。现在他们依旧能够吃苦耐劳，但已经不再贫穷了。工业的发展帮助他们增长了财富源泉。现在贫穷的只有法国人了。

德国人靠劳动致富，劳动之后，就来到蔚蓝海岸休息娱乐，并希望能再做点有利可图的生意，如贩卖货物、投机地皮等。

德国人所开设的旅店，营业获利巨大。各旅店的经理也都想着自己再开设一家，只是需要等待汉堡银行家的借款。德国的银行非常愿意投资于工业。而我国的银行公司只知道骗取公众资本，投资到可以得回扣的国家公债或外国股票中去。无论任何国家，如委内瑞拉，或海地，或类似的国家想要出售公债，必定有法国的大银行为他们代销。我们不能说德国银行家的爱国心比法国银行家强烈，但可以说他们更聪明，善于投资。之前有人对我说，蒙特卡洛某位旅店经理储蓄了 6 万法郎，竟然有一位银行家借给他 20 万法郎，让他购买一所旅店。五年后，这个人把旅店转卖给别人，售价达到了 100 万。我曾调查两家旅店的收入，其中一家在 1904—1905 年冬季，收入 397444 法郎，另一家收入 167153 法郎。这种营业利润，就算是镀金都比不上。可惜到现在都没有人能告诉我们法国可以利用的财富源泉，只是盲目鼓励到偏远的地方去殖民。在出发去越南、马达加斯加之前，为什么不利用一下法国遍地都是的财富呢。

我在去巴黎的快车中，和一位德国的老哲学教授谈论上面的观点。交谈之初，我就表示了朴素的善意的悲悯之情，说德国人不应该屈服于一个意气用事的专制的恺撒政体之下。这位哲学家微笑着回答说：

“不要说恺撒。历史上，一个民族在战乱过后，常会出现这种情况。名字有时叫苏拉，有时叫波拿巴。你也不用可怜我们生活在半恺撒制度之下，你们现在正向衰微的恺撒政体的道路上大步行进呢。战乱时代即将到来。与其拥立那些偶然出现的恺撒，不如拥戴我们这著名的恺撒。

“现在只要说一说蔚蓝海岸的经济事实就行了。

“你所说的都对。德国人从前非常贫穷，以至于能吃到肉就是奢侈了。现在已经今非昔比。这是技术教育和一定的民族性格的作用，再用纪律和方法进行约束。这就是德国人成功的诀窍。所以今天德国人在各地都具有优势。排斥竞争，吸收工业，即使是巴黎的工业，如化学药品、精密仪器、电气机械，都在德国人掌握之中。其余的也将尽可能地被吸收。现在德国人已经在法国国内设立工厂。所谓的关税保护，即将失去作用了。

“我们在蔚蓝海岸殖民的方式，就像我们在摩洛哥的殖民方式。土地任由你们占领，工商业却被我们把持。要知道能控制工商业的人，才是真正的主人，而不在于所负的政治虚名。想要达到这个目的，不需要战争，仅用战争作为威胁就够了。我们就等着你们当中的平和派、国际派、反对军队派以及其他愚蠢蒙昧的人，分解了你们的国家观念，然后你们就会完全遵从我们的意愿。

“我们并不想要战争。但我们的工商业发达，而汉堡太小，容不下这种发展，需要另外寻觅一处大的军商两用海港。附近的地方只有安特卫普合适，所以我们在那里增加、拓展商店、银行和海上业务。英国人和比利时人都明白我们的意思。比利时这时就和荷兰合并，不过这只是暂时的状况。但要知道，将来的世界中，是没有小国民众的位置的。将来英国人必定反对我们的经营，战争必定在所难免。你们必定会加入。你们将来必定会比现在更加贫弱。

“从现在到那时，你们的宗教、政治之争，必定会进一步削弱你们的实力。你们将来必定会变成一个小国。想要拯救目前的危急状态，应该放弃政治和宗教上的怨恨情绪，改变教育的方法。它们具有连带关系。但你们无法做到这点。你们有发达的艺术，善于表达，但却不善于发展工业。再加上人道主义者与和平主义者们的势力正大，社会党的势力也在。你们不明白当代的经济需要，多说又有什么用呢？

“今天，德国的人口不断增加，生产的产品充裕。而你们的人力不足，产出有限。所以现在，世界可以利用的地方越来越小。东方的市场已经被日本占领。我们将向你们的国家输入人口和产品。一等到你们分崩离析，我们就派驻军队。弱肉强食，适者生存。这是 2000 年来都没有变过的道理。”

这位日耳曼人所说的话，我无以作答。车子接近巴黎。我觉得他的话似乎是真理，临别时只好微笑耸肩而已，但心中却觉得在坠向深渊。

政治
心理学

第六篇

变乱的发展以及反对社会解体的斗争

第一章
社会变乱

罗马执政官塞索里努斯并不是和平家，也不是人道主义者，但他知道利用敌人的心理。当这位有谋略的人带领军队来到迦太基，正值这里是世界最富饶之地的时期。艺术、商业繁盛，和平主义的势力也很强大。塞索里努斯向迦太基人矜夸和平的好处，痛骂战争的弊端，然后做出结论："把你们的兵器都交给我，让罗马代行保护居民的职责吧。"心理简单的和平派争先恐后地遵从这一要求。兵器交出来之后，他又说："把你们的战船交给我。这种舰队耗费太大，而且很容易积滞。罗马既然都代替你们实行防御，你们留着它也没什么用。"和平派又遵从了。他又说："既然你们都服从了，是值得嘉奖的。现在我只有一件事了，罗马为了预防叛乱起见，命令你们削平迦太基，并且迁到沙漠去。地方随便你们选，但必须离海岸极远。"迦太基人至此才知道和平主义的危害。不想成为沙漠里的饿殍，只能筹划防御的方法，但为时已晚。城市和居民都已经被别人占领、焚毁。迦太基的历史，由此告终。

这固然是一个古老的故事，但足以给我们现在的人教训。当邮政员工罢工开始的时候，国务总理或许是有感于斯，在甘贝塔遗像下发表演说：

“只有强者才能拥有权力，将来才能不怕被别人侵占。凡是姑息官员叛乱的社会，必定在众人的蔑视之下被颠覆。尽快镇压，才能保持公共秩序和社会安宁。”

这些话和某位内阁成员意见相反。这位内阁成员帮助官吏叛乱、威胁罢工和毁坏行为的方法，大致如此：“注意新的社会现状。做新时代的人。给工人们信任感。”并劝告他说：“幸运的人才能对工人、官员施与恩惠。”此种可怜的言辞，是今天的新人道主义哲学的一种表示。与其说是人道的哲学，不如用索瑞尔先生的正确说法，把它叫作矫饰怯懦的哲学。人道主义是我们社会的疾病。

那些闹事的工人和官员全都知道这种言论。越明白它足以令人恐惧，对政府的蔑视和威胁越强。政府稍微要抵抗一下，他们就罢工、破坏财物、放火。

统治者不幸被恐惧制伏。这是最可怕的恐怖，足以让战争失败，并导致无数的革命行为。前国务总理的话如果被大家认同，那么进行防卫非常容易。妥协退让只能让叛乱者认识到自己的力量，并表现出他们的蔑视态度。群众要依靠强力俘获，他们不知道感恩。这一点，马基雅维利早就提出过了。

只是马基雅维利的时代太远，不足以让人听从，人们只知道退让。所以报纸就刊载了给邮政员工加薪的公告。这种方法，正足以增长他们的要求。政府应该知道，服从也不容易呢。

于是邮政员工又进行了第二次罢工。傲慢的态度和激烈的威胁行为前所未见。其他官吏看见这种威胁有用，于是纷纷提出自己的要求。但是，想要满足他们的要求，非得让预算成倍增加，再增加赋税不可。

内阁成员和议员们倒是没有顾虑，因为他们明知道需要负担怯懦行为的结果时，他们必定不在其位了。他们希望要求再过点，又担心舆论愤怒，才不得不稍做抵抗。

第二次邮政罢工也不能说没有好处，它使公众稍微感受到邮政、铁路等罢工的危害。要知道一些工团制度所酝酿的状况，舆论才会攻击革命党人。

如果顺从、接受闹事者的意愿，国家之中必定又会再创立一个小国家，那么将会变成国家反对国家的局面。因为几千人而阻碍一个大国家的生活，还有比这更可笑的事情吗?

应该熟知防卫、抵抗的方法，不要惧怕。恐惧是流血骚乱和军人专制的根源。如果让邮政员工、小学教师们不知道他们的演说能产生恐惧心理，他们敢表达报纸所载的那种言辞吗？能放任国家所供养的官员来蛊惑、煽动反对爱国主义、反对军队主义、破坏社会吗？能接受小学教师们表达的下面这些意见吗?

“为了解放平民界，我为小学教师提出要求，有权加入劳动联合会，并在儿童思想中传播对中产阶级的怨恨。”

这种领头的人，其实是中产阶级中地位比较优越的人。鼓动邮政员工罢工的首领，年薪在6000法郎，养老金也有3000法郎。他们还是以平民自居，实在是太荒谬了。如果一旦工团主义得势，恐怕这些人的薪金将要和工人一样了。

敢问国家由什么构成呢？不是立法的议会，也不是行政的政府，而是成千上万个分权而治的、执行法律的官员。如果这些官吏都叛乱，国家还怎么存在呢？内阁成员可有可无，没什么大关系。但官员怎么能替代呢？万幸的是，培养一个机械工人或铁匠，需要几年的训练；但培养一个科长、一个邮局人员、一个税收人员、一个邮递员，只要几星期就够了。

罗马哲学家爱比克泰德说："能鼓动人心的并不是事物本身，而是人们对它所产生的意见。"今天的危害就在这里。因为危害不在于事实，而在于由事实所激发的幻想和观念。

只有虚妄的幻想才能让一个民族产生动荡。历史表明，想要动摇一定的潜在势力，就应该进行历时长久的战斗，付出流血的代价。

平民受到的待遇，没有比今天更优厚的了；但平民的抱怨不满，也没有比今天更多的了。利益不同还可以调和。所不能调和的地方在于，由政客们所散布的怨愤、嫉妒的情绪。心理濡染又助长了这种怨愤情绪的普及。前不久的社会主义，今天的工团主义和无政府主义，都已经成了治疗百病的良药。

被新理论浸染的群众成分最复杂。有热衷的野心家，有轻信迷惑的人，有酸腐的大学生，有惯于痛哭流涕表达悲悯之心的人道主义者。其余的则是一群平庸的人，只知道附和别人的行动。

这种革命党敢作敢为，大体上是基于政府的怯懦。索瑞尔曾说：

"决定社会政策的原动力是政府的怯懦。工团首领们不用多久就明白了这个道理。他们告诉工人不用请求恩惠，而应该利用中产阶级的怯懦，强迫他们实行平民界的意志。这种植根于怯懦的社会政策，最终会产生判处中产阶级死刑的观念。他们被消灭的日子不远了。”

革命党人只知道破坏，而不考虑破坏后的情形。即使工团得势，工人的命运恐怕也要比现在还困苦。至于工人界倾向革命党徒的原因，则是因为处于懦弱的政府和专制的工团之间，当然要倾向于有权势的一方。这是群众的本能，不要怀疑。

工团主义的权威非常大。他们领导工人群众的方法，是最专制的君主都不敢用的。这种人发言的时候非常少，却能让最不守纪律的群众服从。群众只知道行动，命令则由委员会颁布。发动罢工时，离得近，就用哨声做信号，远的就用自行车送达命令，不需要格外说明。有人要反抗，就会被狂热的同伙殴打。埃尔瑟朗格的工头被工团命令驱逐，当他回去取衣服时，如果没有宪兵干涉，就差点被人打死。这种事人们都应该记得。

所有命令，即使过于偏执狂乱，也没有不奉行的。阿兹布鲁克的工人奉一个工团代表的命令，罢工几个月。至于原因，则是某纺织厂的经理用英国已用了十年的新式机器替换旧式机器。工人有这样的心理，政府又是这样的懦弱。如果法国现在没有铁路，恐怕现在连建造都不可能。

这种举例可以用来反证那些相信平民团体有推测、想象能力的说法。联合会领导者的优点就在于不用推测、想象，而能让人服从他们的实力或声望。所以他们反对普遍选举权，主张少数人的权利。换句话说，就是工团几位领导者的权利。这种权利当然不合乎民主观念。但群众既然已经顺从了，将来必定会有实行的那一天。

革命运动的危险，不在于激烈暴力的行动。因为这种暴力不会持续太久。需要担心的，是由于濡染，而在各界人心中产生的骚动心理。邮政员工罢工、里昂市警员罢工、小学教师闹事、官吏结为团体等，都因此发生。政府已经被他们威吓，闹事的人就更加相信威胁可以达到目的。

立法者被相反利益挟制，只看到闹事的人都是将来的选举人，丧失了经济需要的意义。立法听任偶然要求，而不管影响范围和法律之间的矛盾。他们又是人道主义者中胆小的人，常认为，既然工厂已经被毁坏，军人已经被杀害，工业已经衰微，那么对于这种迷途的人，何妨表示些宽恕态度。何况还有好的办法让他们归于正路。所以对于杀人放火的人，监禁在牢狱里几天，就表决大赦。如果他们再犯，便认为是法律不好，于是急急忙忙地修订法律。

因此，在议会中，和中产阶级一样，产生了一种危险的心理状态。今天我们所处的动荡氛围，基本上就是由这种状态造成的。潘伽烈在演说中曾表达过这种意见，而把动荡的原因归咎于当局者的新的心理状态。但是说得容易，做起来却很难。他的上院同僚曾经想依赖他来反对收回西部铁路，谁知道他当时竟也不发一言。恐惧心理的力量之大，可见一斑了。

这就是政治家言行不能一致的原因。某位国务总理曾反对工团的“胡作非为”，但仍然不妨碍他像某报所说的，“仍把纳税人的税金用在传播反对爱国的用途上，而美其名曰‘工团津贴’”。今天拉丁民族的心理状态特点，是意志柔弱。大民族在历史上销声匿迹，不因为他们的智力水平低落，而是因为他们的意志柔弱。

当前发生的这些事情，除了表面的近因之外，常有远因的关系。政治恐慌对我们的打击固然极为苛刻残酷，但它连带的事情和据以发生的事情也不少。综合起来，则表现为一种偏执迷乱的精神状态。

放眼看看周围，民族所依赖的一切无形力量都在解体。如家庭破裂和人口增长缓慢，需要的增加快于自给自足的方法，没有人尊重政府机关，反对优秀、主张平等的观念，道德堕落和犯罪过度增加，意志柔弱，官吏反叛，法官不能执法，小学教师传播骚乱情绪，可忧虑的非常多。工团组织逐日增加，他们所集中的，都是不满和怨恨。恨祖国、恨军队、恨资本、恨能力，几乎没什么不恨的。奇怪的是，社会既然像这样在解体，那么由遗传所构成的心理力量为什么还能支撑呢？

社会的阶梯由上至下。纪律被消灭，权威、声望都丧失了。从前下命令的人，现在只求服从。巴黎大学教授奥拉德曾举一例，以证明今天的心理状态。这种来自平民心理的教训，我敢相信，一定会比由他所收集的革命时代供参考的堆叠如山的资料还强大。

某一天，因为火车晚点，这位深信群众品行的教授到巴黎某火车站的储物室取行李。屋子里有四个健壮的运输工人在随意游荡。他们见取行李的人穿着简朴，态度平和，以为不能多给他们报酬去喝酒。这位教授见他们态度轻蔑冷淡，于是到官员那里去投诉。这位官员认为他的投诉理由充分，但又不敢指使下属，只好自己取下行李放在小车上，亲自推车送出门。没想到这情况被四个工人看见了，他们愤怒于失去了可以喝酒的报酬，于是追赶出来，叫骂不停，要官员立刻放下行李，否则就打他。这位官员一面请求放过他，一面躲开了。

对于一位历史教授，我当然知道不能无限地信任他。他们只知道搜集材料，却不能做出解释。但前面所讲的事情，没听到相关人员声明纠正。即使是半真半假，也是教训了。

大家都看看四周，相似的事情并不少。试着留意一下普通的清洁工人，再调查一下他们的劳动所得，比较20年前的收入，今不如昔。但这清洁工人还是安心工作，为什么呢？他们可能是确信议员和酒商们足以庇护他，让他可以反对自己的上司。

这种混乱状态，不仅是下层社会这样，也是一种流行的心理病。影响范围之广，居然使得今天的保守党与最厌恶的无政府党派联合起来。我们最近已经看到巴黎的天主教与劳动联合会的首领来往亲密。最近的天主教大会中，竟然有教师坚决地主张罢工的权利。《时报》也说：“教师辩护并传播最放肆、最具有破坏性、最激烈的反社会理论。”由此可见，对民心的需要不仅在最激烈的社会党人中扩展，那些本应是社会支柱力量的保守派也一样了。《时报》又说：

“保守党能协助他们破坏本有利于自己的社会秩序。如果保守党想在这种破坏之中获得一种政治利益，这是妄想，也是虚幻的念头。工团派和革命派有时或许会利用他们，但绝不会给他们利益。”

我们的社会混乱状态的扩张，尤其明显的一个表现是，反对爱国主义的发展。内阁成员们在演说中不禁赞颂小学教师和大学生，还粉饰说，今天人们把反对爱国主义和反对军队主义合起来，叫作埃尔韦主义，这在法国是一个例外的主张。我们应该知道，隐藏一种危害不足以救治另一种危害。潘伽烈曾说到它的危害：

“埃尔韦先生是一意孤行、固执己见的人吗？是思想迷乱偏执的人吗？如果大家稍微留意一下某些大会的讨论，我们会感到不幸的是，持此主张的并不是一个人。他只是一个代表而已。”

当埃尔韦发表他亵渎神明的言论时，倍倍尔在德国议会发言说：“如果有人侵犯德国，如果关系德国的生存问题，我敢断言，所有党员，无论老少，都将拿起枪来抵御敌人。这个地方就是我们的祖国。我们要保卫它，死而后已。我敢向各位这样发誓。”

如果比较一下两段话，一个是德国社会党的发言，一个是法国革命党的发言。两者截然相反，不能不让人想起埃德加·基内的话。他说：“如果法国自认为是世界公民，必然要受一切异族的欺负。”

如果不能维持，那么就会灭亡。

第二章
犯罪的发展

犯罪的扩大也是社会普遍混乱的结果之一。议会对犯罪和死刑的讨论记录，可以作为参考。发言的人智力自然应该不在普通人之下，但是却只根据情感做决定，所说的都是没有条理的话。还有人把相同数据集合起来，得到的结论则完全相反。

为了保护杀人的人，并答应不妨碍他们做事，理由非常多。某位社会党员说："如果公民不被资本制度压制，能自由生活在阳光下，犯罪可以消灭。"出于这个理由，他们只好忍痛决定。现在将下议院反对死刑的主张列举如下：

死刑不能保护社会，而所惩罚的人都是无罪的人。

死刑既不能劝人向善，也不足以警示众人。

死刑是社会的罪恶，没有人能有剥夺他人生命的权力。

死刑只有复仇的观念可以解释。

多数上断头台的都是疯人。既然不能在执行之前，查明疯癫的情况，那么砍掉疯人的头，不如废除断头工具。

死刑是侮辱执行的人，而且比受刑的人程度还重。

无论任何国家对罪犯进行的死刑，都不能起到作用。

上述各种理由，只有最后一种可以稍微注意一下。这是布里昂部长的说法。他的这一主张煞费苦心，可是不但不能取信于人，甚至他自己都不能相信。

为了证明死刑不能对犯罪产生影响，可举的数据非常多。这些数字非常明确，让人感慨。仅谋杀一项，就增加了30%。五年之中，犯罪倍增。现在节录下议院司法改革委员会委员长的说明书如下：

“不说判决的案件，仅就犯重罪的总数来说，1901年795件，1905年1313件，1907年1434件。自从在事实上废止死刑以来，犯罪有增无减。杀人的人明知道不会受死刑惩罚，所以即使犯最重大的罪行，也敢泰然自若，毫无顾忌。各地的议会看到犯罪增加，都请求政府仍然维持并且执行死刑。”

可见，犯罪的人惧怕死刑，证据明确。所根据的是犯人的口供，历任警长、探长的意见，以及罪犯辩护律师的意见。

一个犯人供述说：“犯罪的后果我已经知道了，不过是流放新喀里多尼亚岛或者圭亚那而已。我已经接受过教育，我可以当一个顺从的犯人。一两年后，还能做机关的小官吏。十年内，我就能获得垦荒地，可以享受到在法国所没有的幸福生活。”这说明他杀人，是明知道不会受砍头的惩罚。

其他国家对待死刑的态度也很明确。瑞士从前已经废止了死刑，现在有十个地方又重新启用了。

再说到杀人和故意杀人两者的区别，非常荒诞。因为被害者同样是死亡，所以前面提到的官员主张废除这个区别，他认为匪徒杀人，是用杀人取乐，虽然不是预谋，但也跟故意杀人一样。“一旦确定为杀人罪，和故意杀人是没有区别的。”但司法部长布里昂想要保留这种区别。如果我在他的位置，我一定默不作声。因为从议员们拍掌赞成的情况可以看到，发言又有什么用呢？

这种探讨暂且搁置不管，现在就问题的根本原因和众多长篇演说的起因分析一下。

讨论的起因是责任的问题。50年来，在刑罚上受这个问题的影响非常大，但现在已经梳理清楚了。

所谓责任，是就自由意志而言的。只是今天的博学家和哲学家，都不相信有这种自由意志。由此可见，犯人似乎不必为他的行为负责任。从哲学方面来说，当然不用负责任。但是从社会方面说，则完全应当担负责任。社会想要保证存在，就要做出防卫，不必顾及哲学方面的琐碎因素。那些杀人匪徒具有匪徒的心理，而不具有巴斯德的心理。这当然不是匪徒的过错，但匪徒和巴斯德在名望上有区别。羊又何曾负有作为一只羊的责任？但它就是羊，只能受屠夫的宰杀了。

这种社会责任和哲学上的无责任的区别，很长时间都难以让人接受。各种研究大会，如1907年日内瓦的医生大会已经进行了阐明。现在转录一下古尔蒙所综合的意见：

“无论这个人是疯子还是半疯，无论他有意还是无意，违反、触犯了社会规则，一旦犯罪，就应该进行惩罚。精神上承担责任的观念应该放弃，但对社会承担责任的观念则不能放弃。犯罪的不论是否出于自觉，他的行为都对社会造成了危害，理应逐出社会之外。无论什么人，都不能躲避承担对社会的责任。没有社会责任，就没有文明可言。”

法学家加罗法洛说，以前的刑法，随着自由意志和精神责任的观念而递增。这种错误应该改正了。要知道没有人能够拥有绝对自由。我们惩罚犯罪分子不能用自由的程度来考量，而应该从社会利益考虑，根据犯罪的危害程度而定惩罚的标准。

巴德医生的意见更激烈。他说：“如果我是立法者，一定把半疯作为犯罪加刑的标准。因半疯汉是罪犯中最危险的人。”

医生们对于放弃精神上承担责任的观念，几乎是全体一致的意见。但他们对于罪犯所应负的社会责任，则全体断定具有必要性，并且主张对罪犯的惩罚应该从严加重。

这个观点不仅是医生和法学家所主张的，法盖先生也这样认为。

凶手索莱扬在精神上负有责任吗？没有。他不用负责任和狗不用负责一样，没什么区别。只是，他不是有罪的，但却是最危险的人。

想要做索莱扬做的事，就应该具有特别的身体脊髓。也正是因为他具有特别的脊髓构造，所以应该砍断他。

如果对于病人，对于可怜的病人，我又有什么可说的。但如果他的病在于杀害同类，我就不理解人们为什么要延长他的生命了。

我认为死刑是一种适合时代的问题，应该用它一方面消除猛兽，一方面用以威慑其他猛兽。

我主张严惩有罪的人，尤其特别主张严惩有病的罪人。因为他们最危险。我确信这种方法对于一定范围内的病人，可以收到治疗的功效。

惩罚的可怕，对于感化大多数败类、半疯的人、嗜酒的狂徒、精神错乱的人，具有巨大力量。刑法越严，他们越害怕。

有一种卑贱的人，砍头刀的用途是绝不可少的，可惜到目前为止还没用过。我想要说的是，附近的凶徒以杀人自娱，晚归的游人和偶然遇到的妇孺屡次受害。捉到之后，他们只不过受几个月的监禁。一旦释放，又旧病复发。

这种嗜好杀人的需要如果不加以严惩，必定会更加扩张。因为这是原始时代遗留下来的残渣余孽，容易重生。那些文明人游猎的行为，无非是满足这个需要而已。某位著名法官也嗜好游猎。他叙述游猎的心理，和杀人的匪徒的心理非常像，只不过他们的野性施与的生物不同罢了。

叙述狩猎者的悔恨心情，非常让人痛心。他们进行这种没有慈悲心的杀戮，特别残酷的是，他们觉得杀戮是最快乐的行为。捕杀那些好看的鸟而停不下手，让那些没有罪的生命流血而不想放弃。人性的弱点哪能说得过来?

匪徒杀人也是觉得在享受极乐。他们不能自己罢手，也跟那些狩猎者一样。如果我们不消灭这些匪徒，将来必定会被他们消灭。

再说说这些年中，医生和法学家观念的改变。前不久所有罪人还都被认为没有责任，现在则认为罪犯完全应该负责任。就社会利益而言，人们现在要求严格执行法典，只监禁是没有用的。因为一旦释放他们，他们还会再犯。

我的意见和必须惩罚的新看法相同，而且希望惩罚能普遍在各种屡犯的罪犯中实行。我曾在哲学杂志上发表过意见，现在可以引用一下。

我曾说一切罪犯都应该负责任，而结论之一是，偶然犯罪的人，应该用体罚的方式来惩罚；惯犯则应该流放边远地区，就像从前人们对付传染病的远离危险的方法。也可以把惯犯编在一起，让他们修造非洲中部的铁路和道路。

死刑不常用，所以影响非常小。现在就我们的刑法制度加以考察，这也是议会讨论的重要问题。犯罪日渐增加，每年虽然会执行十几件死刑案，也不能够阻止犯罪。而且故意杀人罪和杀人罪数量不多，应该受到攻击的，是其他种犯罪。

我们惩罚犯罪的方法，只有流放和关进监狱。我们的人道主义观念，已经把前者变成了别墅，而后者变成奢华的居室。

一位总检察官最近告诉我说："现在的模范监狱的舒服程度，中等偏下阶层的人都不能享受。比如，电灯、暖气管道、冷热水、浴室、有树荫的游园美景之类。所以有时有人专门为了能在冬季享受六个月的清福而犯罪。因为一旦住进监狱，一切奢华的享受都有了，所缺少的只有自由而已。"

英国的刑法制度则相反。他们的刑法比较简略严厉，影响罪犯精神的力量最大。监狱中所用的方法，也就是做苦工和鞭打而已。

这种方法消灭犯罪非常迅速。拉卡萨涅说，伦敦只有一群匪徒，自从实行了强迫劳役和鞭笞之后，这群人就在几星期中绝迹了。而现在巴黎的匪徒还有三万人呢。巴黎受到相反的刑法制度的影响。换句话说，就是法官和检察官的宽恕。无赖之徒在晚上被捕，十有八九在第二天早上就被释放了，仅仅进行父辈一样的谴责批评而已。比较两种制度，一个用体罚，一个用误事的容忍。哪个比较有道理，不难判断。只是体罚对于惩罚那些以犯罪为业的人才有效果。丹麦在1905年的抢劫杀人案非常多。自从恢复鞭笞的刑罚之后，这股风潮慢慢消失了。拉卡萨涅教授的结论是：我们认为应该采用体罚。英国的试验已经看到成效。这种刑罚不但有作用，而且合乎人性。鞭笞的痛苦比常年监禁要轻、要优厚吧。

所以，无效的、不起作用的惩罚会导致犯罪的增加。所谓人道主义法律，其实是异常恶劣的法律。劳动法把无数青年摒弃在工厂门外。这些人无所事事，自然不免四处游荡，成为匪徒。如果对杀人犯的惩罚再不加重，对犯人的判决和待遇又很优厚，就都成了鼓励犯罪。

最近巴黎自治会开会的时候，有两位议员陈诉夜间抢劫的危害。警察总监利宾纳回答说，因为法官的懦弱和频繁颁布赦免令，致使惩罚手段没法使用。他做出结论："数年来鼓吹的人道主义，今天已经见效了。"

只有病到一定程度，才会想到要找一种治疗方法。那种主管想要感化的办法，将来肯定要受经验教训的惩罚。等到各大城市都变成抢劫杀人的场所，郊野变成汽车夫、匪徒们劫掠害人的区域，不全副武装就不敢在巴黎夜行，到那时或者才会想到需要一种方法保护我们自己了。

惩罚的法律既然已经形成具体条文，每个人不得不自己寻找保护的方法。到那时，群众必定自己惩罚犯人。私刑的情况，必定如下议院委员会的报告所述：

"群众的裁判是激烈的、暴力的、简单的，有时还是盲目愚昧的。把保护善良、执行死刑的权力，用在没有责任的人身上。出现这种情况，政府不能说自己无罪。如果让那些相信法律可以保护自己的公民拿起武器，自己进行惩罚，政府的罪过尤其大。”

那些法官怯懦无能，害怕罪犯报复，不敢严惩罪犯。而他们严惩的人，只是恶劣的低级警员引来的犯罪轻而且不能自我保护的妇女。这也是犯罪增加的原因。某位法官曾经告诉报社的人员说：

“你们只知道说诉讼程序，却不提惩罚。你们知道刑罚已减少了50%吗？你们知道假释和在押日期的扣除，足以麻痹、削弱法庭的行动力吗？流放的方法从来没有实行过，屡犯的罪犯日益增加。你们想要采用英国的诉讼程序，可以。但只能应用英国的惩罚方法，如做苦工和鞭打等方法。惩罚罪犯不必体恤他们而削弱政府的权力。英国的警员没有刀也没有手枪，却可以在伦敦独行。而我们的警员非得全副武装聚集很多人，才敢出行。等到你们用惩罚手段的恐怖性震慑、消灭了犯罪行为之后，我们再来说诉讼程序，才有可能。”

惩罚手段的恐吓作用，是阻止犯罪的唯一方法。麦克斯韦的《犯罪和社会》一书，也是这个意思，就是疯子也应该接受惩罚的威慑。

想要实行必要的惩罚，需要先治疗公众病态的人道主义，和法庭的恐惧心理。现在已经有了几种表现，虽然还不够，但稍微有望除去这种

弊病了。

最近，某位警员被匪徒刺杀。葬礼时，自治会长曾发言说：“所谓的人道主义理论的毒害，要比匪徒的危害更严重。人们所有的力量都变得麻木不仁了。当今最紧要的事情，是应该首先拒绝这种理论。”这和我的意见非常符合。

即使这样，这种人道主义扩张如故。把惯犯编入军队，也是其中的一种。第 82 团中的匪徒不下百人。1909 年 12 月 28 日那一期的《日报》曾说到结果：

“10 月以来，蒙塔基人发现了前所未见的、明目张胆的两起盗窃案。一件发生在某位上尉家中，仅仅是被窃了。另一件发生在某位居民家中，还杀了一个人。凶手是两个军人。距今八天前，警察在运河中发现了一个淹死的军人，风传是被同伴所害。把匪徒编入军队的后果就是这样。”

要是没有舆论的反对，这危害巨大的法律将完全败坏军队了。下议院议员索迈想要限制犯罪的发展，曾主张实行必要的体罚。不惜触怒那些有怜悯之心的人，斗胆要求用体罚来惩治匪徒。

在空谈哲学之前，应该先讲求一些生活问题。不在于罪犯是否应负有责任，只要知道他是否对社会有害。对于这一点，想必都没有异议了。野蛮的杀人案、袭击案、谋杀案，没有一天不发生。凶犯都是青年。至于他们犯罪的理由，或者是逞强好胜，或者为了取乐。

要解析这种匪徒的心理并不难。他们是懒惰的人，是善于表演自夸的人。他们不在工厂里劳动谋生计，而是吃用妓女的供给，在酒店里游荡，在同类面前矜夸自己勇敢。

他们杀人的目的，固然常常是为了盗窃，但其实都是为了虚荣。这些人常用杀人来打赌。“赌一瓶酒，我会让刚出现的人倒地不起。”既然下了赌注，结成赌约，一个无辜的人就将要受害了。

想要惩治他们，就应该注意这种心理。想让惩罚见效，那么惩罚的手段就不能增加他们所期待的希望。

体罚的主要作用在于足以让人吃苦、受辱。匪徒可以把流放的地点或者砍头的工具拿来向同类夸耀，但不能把受鞭笞的次数作为自负的借口。体罚是保护善良、警示恶人的工具，反对者应当没话可以反驳了。

而且嫌犯们现在还在寻找为他们辩护的人。某位女博士在报纸上发表意见，说“名誉只适合保护富人；工人厌恶它；匪徒的行为可以自娱自乐”。还有这么荒谬的人吗？

总之，与其让匪徒们享受新喀里多尼亚岛的别墅，或者暖和监狱的优待，不如让他们接受鞭笞、苦工和断头的惩罚。如果真能这样，巴黎可以在几星期之内，荡涤所有匪徒。我们的立法者将发现，人道主义是所有愚蠢的事情中危害最大的，衰败常源于此。

第三章
政治暗杀

今天，政治暗杀已经成为平常的事情了，也是社会混乱的表征之一。公众对所发生的暗杀的印象和观感很复杂，既觉得可怕，又觉得太荒诞。那些被害的人，不管是俄国皇帝、意大利君主、奥地利皇后，还是法国总统、葡萄牙国王等，被害之后，立刻有新的人选代替。他们所代表的制度，没看出有什么改变。而且这种暗杀事件所激起的反动情绪，更加助长了被反对的制度的势力。而暗杀者自身对于暗杀罪行，也不期待什么。

这个意思非常明显，致使所有流行的，认为犯罪是基于私人利益，如复仇、贪婪之类的行为的心理学说，竟然无从求解。

这种政治犯罪的动因，既不是个人利益，也不是公共利益。今天的心理学能解释吗？想要理解这个意思，应该就犯罪传播的方法和势力来探究。

服从信仰的必要性是人类不可避免的本能。追求信仰，用信仰引导生活，让自己免于推理、想象的辛苦，这是人类的志愿。这种情况源于思想的奴隶性，而不是思想的自由。

强大坚固的信仰完全不受理性的影响。传道者可以把错误变成真理。

他们心里认为是对的，常常不惜牺牲一切。研究这种半疯癫的人，固然属于精神病理学的范围，但他们在历史中承担的任务却很重大。

这种人产生于具有宗教本能的人之中。他们的特征在于追求一个必要的信仰，并且能自我牺牲，好让崇拜的事物获胜。他们都臆想一个和祖先们的天堂相接近的人间天堂。俄国的革命党和各种无政府党派所提供的例子不少。在这种被传统观念控制的简单的大脑思维中，都想要建设一个人间天堂，用具有神的意志的国家政权进行统治，为人们进行平均，并且具有古代神明的无限权威和声望。

传道者既不能自己进行推想，又必须进行传播，还不明白需要和实际情况，所以危害非常大。因为受他们影响的都是群众，而群众也没有推论的能力，只有被濡染、被影响之后得到的意见。

近代最大的错误，在于相信可以用理性来鼓动、怂恿群众。其实只有确信、重复、声望和濡染这四种方法。这些要素足以反对他们的利益，以及明显的不可能，都不用说了。信仰一旦被接受，虽然荒诞不经，但也具有强大的势力。世界的混乱，大概就是用这个反对理性的信仰的名义进行的。

用这么简单的道理，就可以解释政治暗杀。这种行动能让我们愤怒，但不足以让我们惊愕。传播信仰者的特质在于，无论如何，他们都要进行传播，并且毁灭那些阻碍他们的人。

这种毁灭的必要性，是传道者的心理要素。没有传道的人，就没有杀人、毁坏物品的需要。想要毁灭自己信仰的敌人，不惜屠杀数以千计的无辜者。他们向坐满人的剧场里，或者挤满人的街道上投掷炸弹。在他们的想法中，想要改良人类，追求真理，消灭错误，积尸如山在所不惜。

这种凶恶的传道者，不只出身于底层社会中，有时也是半个文化人，曾经接受过大学中不能适合他们心理的教育；有时又是平和博爱的，具有改造社会的固定观念的人。托尔克马达、拉瓦亚克、马拉、罗伯斯庇尔等，常自命是人类之友，只想着人类的幸福，并且预备为之牺牲生命。

隆布罗索说："疯子和热心博爱的人，各个时代都有，即使野蛮时代也是这样。那时，他们把宗教作为工具，后来则投身于党派之中。最初是十字军，接着是叛党，不久又成为游侠骑士，最后是信仰或反对神明的殉道者。"

在今天的拉丁民族中，如果能出现一个博爱的、善于迷惑的人，他只能立足于社会的或经济的起点之上。他所依据的，基本上都是争论最多的和意义不确定的学说。如果是一个神学或形而上学的问题，可以迷惑上百人。但如果是一个几何公式，没有一个人会被迷惑。观念越怪异越荒谬，愿意追随的疯子就越多。这种情况政治界中最为常见。被迷惑的人，常常为观念而不惜殒身。

现在无政府主义所蛊惑煽动的政治暗杀非常多。印度部长的一位副官，被一个印度学生所杀，这是最近发生的事情。这个学生被某家报纸的观点煽动，才做出这种举动。那个观点大致是："宁肯失去老朋友的尊敬，我们也要敢于申明，政治暗杀不是犯罪。一切自由的和没有成见的人，都应该认为暗杀犯不是罪犯，而是为人道主义复仇的人。"

在印度，孟加拉一地，一年中的政治案件有 329 起，其中很多是普通的强盗案。

30 年来，无政府党派、革命党和其他信徒所犯的杀人案，数量有增无减，将来必定会更多。蛊惑神秘和迷惑的人，从前被宗教吸收，现在都倾向于政治了。和这种精神错乱的人讨论是没有用的，应该消灭他们。否则，我们就将要被他们消灭。

第四章
虐待宗教

对宗教的怨恨，是法国社会混乱局势扩大的原因之一。政府被声势浩大的党徒驱策，不得不走上虐待宗教这条路。没有人能从这种虐待中获利。国人不明白心理学和历史，竟然到了这种地步。

这种虐待可以从教会和国家分离法，以及教会产业法看出来。人们要不是被怨恨蒙蔽了眼睛，绝对不至于表决这种法律。这个法律的真正目的，在于剥削教徒们赖以生存的微薄供给。足以妨害民主共和制的措施，没有比这更过分的了。教徒们其实不应该进行哀诉。因为这个法令赋予了他们一种连最虔诚信教的国王都不敢赋予的自由和权威，让教权脱离了俗权的羁勒，由教皇来任命从前沿袭成规的由政府任命并供养的主教。还有比这更不合适的措施吗？它尤其拙劣的地方是，把教徒驱逐到教堂之外，断绝他们的生活方法。德国人在阿尔萨斯的举动正相反。他们之所以能在无形之中成功侵略那里，就是凭借教徒的力量。他们不但不虐待，反而优待，大量增加供给。可见德国人有多聪明，而我们有多愚蠢。

想要让一种穷困闭塞没有政见的教徒顺从民主政治，实在不是什么难事。只是我们被缺乏远见的所谓命运蒙蔽，反对我们自己最明显的利益。要知道无形的权威，无法用暴力进行攻击。这种简单的道理，是小学就应该教授的知识。

至于教会产业法，不仅是一个拙劣的政策，而且还是一种野蛮的不公平法令。人们都知道，这个法律本来就是为了攫夺教会所有的几十亿产业，而用养老金的方法分给工人，以保证工人们投票。而这个法令的唯一结果，恰恰是保证了工人们产生怨恨情绪。几十亿产业转瞬就成了泡影。财产清理的最终结果，所得不过千万。而无数需要靠教会收入救济的事业，现在都要由国家来负担供给了。

唯一能从中获利的，就是财产清理人和投机者。这些人借此暴富。这个法令主要的提议人库姆斯也承认，执行它，是一种强盗行为。他接受报纸访问时也曾说过：

“读一下雷吉斯芒塞在上议院所做的报告，就可以知道黑暗情况了。某处的财产清理人所清理的财产值 60 万法郎，谁知态度殷勤的法庭决定给予的报酬金额，竟多达 10 万法郎。另一名清理人，在 28000 法郎的资产中，获得了 10000 法郎的报酬。在尼斯，竟然还有一个清理人，在一钱不值的资产上获得了 16000 法郎的报酬。”

这种清理人和他们的保护人所得的数目，与工业家中持有资产的人所得到的利益相比较，还是个小数目呢。资产竞卖的时候不明白通告，而竞卖又定在当年买方很少的时候。竞争很少，所以获利巨大。维兰尼在 1909 年 12 月 14 日的议会中，讲了几件事，可资参考：

“用这个方法拍卖，导致森林修道院仅售价 260 万法郎，而赎买的人立刻获利800万。圣心教堂的产业，面积52000平方米，而要价仅520万法郎。它售出时，也才涨到600万法郎。这是把巴黎价值400法郎一平方米的地方，用100法郎的价格出售。买的人可以用低价获得至少值2000万法郎的产业。”

当时的国务总理也认为这种公开拍卖的规则不公平。公开拍卖的时间在夏季7月末，所以竞购者不多。而且司法部长也认为广告说明不够，他已经把这个意思转达给检察厅。检察官的意见相同，已在当地的民事法庭提起请求，现在也由法庭受理了。

公开拍卖的舞弊行为，法庭的腐败行为，司法部长都已经承认了。查特公司值800万，竟以50万售出。当时没能阻止，后来因为舆论的攻击，于是不得不阻止另外一桩公开拍卖中窃夺500万的行为。至于资产被收用了的人，都陷入窘苦之境。可是没有人会想一想这些人。政府又不付给他们救济金，恐怕将来他们要被饿死了。现在转录《公报》所载的一份演说：

“还有最后一个问题质问国务总理，就是从此以后，什么人来供养男女教徒，又怎样救助他们的需要？他们既没有养老金，又没有收入来源。斯坦尼斯拉斯学校的校监，一位60岁的老教士，没有一块面包可以养活自己，只能凭借教课生活。我代他请求要养老费已经六次了。人们窃夺了这个学校的200万资产，教课时间久的人，是应该统计一下，发放养老金的。我们已经知道教会的几十亿产业的最初用途。我们知道它用于驱逐纯洁女子和善良人。那些人的志愿只是要行善，要救济穷苦人，保证儿童的生活。你们侵犯、剥削、驱逐我们当中的好人，而把金钱供给恶人。你们知道责任的重大吗？”

像这样的愤怒言论举不胜举。不仅法国这样，其他国家也在鸣不平。

巴西某家报纸所载的某位候补总统的话，可见一斑："法国被教会的潜在势力所迫，所以反对教会的情况日益加剧。20 世纪，在共和自由形式之下，出现了过度的专制行为。他们把教徒驱逐到境外。被美洲收留的漂流海外的流放人，都得到和平兴盛的发展，没有被虐待的担忧。罗马主教到新教徒罗斯福的宴会上，都具有一种亲和友善的感觉。"

左派议员也有反对虐待教会的观点。拉波里说："20 年来的大部分事业都消耗在宗教战争之中。今天所谓的反对教会主义者，并不是要防止教会主义的干涉，而是借口信仰自由，滥用一种权力罢了。那些要消灭宗教的人，自己或者他们的亲属都不免遵守仪式。既然自己还信仰，又为什么要勉强反对呢？从前路易十四的时代，也曾利用天主教进行精神的统一。当时法国上下都觉出沉重的苦痛。不希望今天的共和国家再用官方势力来反对宗教，再筹划这种精神的统一。"

今天的虐待宗教，后来人必定会有评判，就像我们现在评判昔日的教会检查，以及撤销南特敕令。我们的统治者所根据的理由，也是为谋求国家精神和政治的统一。这一点与昔日相同。至于有害的结果，也和昔日国王诏令的结果相同。

想要为驱逐教会找一个具有科学外表的理由，就是教会传播的都是错误观念，应该用学识渊博的好教授代替。即便这个道理正确，也只能

作为驱逐教会的辩护之词，不能用它来为没收产业进行辩护。更何况这个理由并不充分。

从近代心理学的发展来说，信仰都不能从理性价值上进行评判，只能从它所鼓动的行为上评判。美国出现的新宗教不少，因为成效卓著，所以很受民众敬仰。例如摩门教徒在荒凉的土地上兴建多个繁荣的城市。不能不承认他们对美国的贡献。这种出于功利的观点也应该重视。

从理性的角度来说，宗教所包含的真理固然不多，但就历史经验来看，重要文化的出现和发展，都是借助信仰的力量实现的。没有一种哲学像宗教那样，能让人克己、博爱。宗教是一种可以利用的力量，而非一种应该加以破坏的力量。如果一种宗教要迫害其他种信仰，那么的确应该加以遏制。否则，我们应该善待它。

而且宗教是一种长久希望的创造者，没有它，人们就不能减轻对死亡的恐惧。那些发明神明的人是人类的功臣。他们的事业和功绩，应该受到思想家的崇拜。现在人们已经了解宗教的科学性，也不反对它了，而且承认它的巨大力量。过去，民族精神的固定性就是建立在宗教基础之上的。将来也许会有改革的行为，但如果人类常怀有希望之心，那么宗教就不可能被消灭。

第五章
社会斗争

瑞典首都斯德哥尔摩这个城市，地处北欧，算是世界的一个偏僻角落。那里经常浓雾笼罩。因为名气不大，所以游人也不多。但根据向导所讲，这个城市和意大利名城威尼斯相似，虽然很少有游客常驻此地，但也曾经盛极一时。当时有游人偶然经过那里，见到了自从有人类世界以来，从没看过的景象。传统社会的阶级分工都被颠覆了。泥瓦工人成为领取年薪的人，贵族要做泥瓦工人的事情，工程师成了司机，银行家打扫街道，法官成了清洁工，而工人们很清闲，逍遥自在地在街道运河一带散步。

是什么神奇的魔术导致这种变化呢？是北欧神话中那些遍布天空大地和海面的神的力量促成的吗？当然不是。神明的力量还没有这么大。即便是奥丁神，也会束手无策。这种变化是一种不可见的无边力量造成的。这种力量就是社会自我保护的需要。

一个国际工团组织自恃权威和影响，认为劳动者肯定会服从，于是向社会宣布总罢工，进行挑衅。对于这种情况，社会各阶层都意识到进行抵抗的必要性，谁也不能坐视国家沦落、工商业衰败，让没有知识的下层民众代替推动社会进步的上层阶级。中产阶级凭借着自身的主动性和勇敢，没有指望求助政府，而是自己主动取代了工人群众，从事各种社会劳动。经过三个月的斗争，大罢工失败了。社会因此击退了工团的要挟。

瑞典这种勇敢的自我保护措施，对文明进步有巨大贡献，使得其他国家中不知道抵抗的政府，学到了自我保护的方法。

这次罢工也体现出，对我们有威胁的社会主义，也危害到了无数的人道主义者。瑞典一家重要报纸说："事件的结果是团结了非社会党。换句话说，绝大多数的人民结成紧密的团体，来坚决反对社会党的危害。"自我保护的可能性，也需要有工厂主的团结、联合，以及舆论方面表现出来的同情态度。此外，中产阶级的手工技能也是主要武器。中产者中在乡村居住的人，应该会锯、刨、锻造冶炼等技能。这些都是瑞典人所具有，而我国所缺乏的。相反，法国人有一种忍受、退让的性格，瑞典人却没有。如果法国中产阶级不结成团体进行抵抗，将来必定会受他们的剥削，即将被消灭了。洛张说："生在今天的世界，对国家的态度如果只是会辩论、会屈服、态度软弱，是没有用的。应该表现得强硬。如果不相信，不妨看看工人们。他们联合在一起，态度强硬。再看看中产阶级、工业家和商人，他们互相分裂而且态度懦弱。"

总罢工的尝试，如邮政员工的罢工和官员闹事、希腊的起义，原因似乎各不相同，但都是同一个心理规律的结果。各民族、各时代都是这样，这已经有历史经验证明了。

这种规律可以用一句话概括。如果在一个社会里，一种人由于某些原因发现了自身的力量和扩张趋势，于是便占据优势，进而想要制伏其他人。

刚开始的优势，最终会被控制。等到社会生活的各种构成元素失去了平衡，必定会有这种现象发生。民族生活和个人生活一样，只有势力均衡才能维持。均衡被打破，会导致疾病。混乱的状态一直存在，会置人于死地。社会有疾病和个人有疾病是一样的。把社会病理学编辑到一起，可以编成一大本。理想家们建议的治疗方法非常多，但能找到病源的学者却为数极少。

看一看历史上具有优势的阶级制伏其他阶级的例子，就能证明这个规律。罗马威震世界的原因，在于它的军事力量。等到均势中的元老院权力被皇帝消灭，军队就成了主人。帝国末年，只有军人握有创造恺撒独裁政治的力量。

之后，同样的控制行为由社会中据有优势的各个元素来执行，比如封建教会、王朝一类的势力。如果优势太大，超过限度，破坏了阶级之间的势力均衡，就会导致覆灭。法国王朝的灭亡，正是不明白这种均势的重要性。

由此可见，维持社会各种元素之间的势力均衡，不要助长一方扩张而压制另一方，是一种根本的政治原则。王朝不明白这个规律，最终灭亡。我们如果也不明白，也会走上灭亡之路，只要听任我们能看见的新的权力扩张，也就是劳动联合会的官吏团体势力扩张就行了。谁能掌握这种能力，谁就能做唯一的主人。

这种普遍规律经常得到证明，我们能看见的希腊历史就是一个明显证据。希腊任凭军官阶级的势力扩张，最终建立了一种真正的军人独裁制度。

没有用的人道主义空谈、对骚乱永远妥协的态度，现在都无济于事了。我们的敌人进行的破坏非常明显。一旦失败，就别指望他们会对我们施与恩惠了。

某位著作家说："革命工团主义已经处在反对军队和祖国的阵地上。"还有巴黎社会党一位下院议员在演说中，对从军的青年说，要模仿巴塞罗那工人的样子，不听从入伍的动员令，要反对军事机关的要求。

可见工人的领袖已经向社会秩序宣战。听从他们的人中，有一些下院议员，有大多数官吏和小学教师。像中产阶级中的富人想要做的那样，和他们妥协议和，是一种可怜的心理。这种卑微可鄙的懦弱，恰恰增长了敌人的胆量。处在这种战斗中，可选择的途径只有两条，要么夺取胜利，要么战死，别无他法。讲和既不能免于失败，又会被羞辱，更会让后世子孙蔑视。

今天的革命社会党，战术非常简单，常能达到目的。恐惧心理是议会表决的重要原动力之一，我前面已经说过了。而这种情况下通过的议案有多大危害，我也已经说明了。

看得见的行为，常是不可见的力量引导的结果。我们只知道行为的成效，却不明白原因。这种看不见的力量，不只鼓动我们的行为，而且还为我们事后进行解释时，提供理由。

这种规律适用于只相信情感的人。而政客们既然没有其他可相信的东西，当然也就包括在这个范围内。他们用来解释行为的理由，和鼓动别人行动的理由有所差别。因为后一种理由形成于不自觉的范围中，了解的人非常少。

一个时代的学者，他们的主动原则很少。政客们的主动原则也不多。探寻 30 年来我们的统治行为的原动力，有三种。第一个是对选举人的恐惧心理。第二个是为了取悦于选举人而虐待少数人的信仰。这个“少数”，即使是全体公民也不管。第三个是共产主义学说的影响。现在一一证明。

恐惧心理的效果我已经在别的章节说明了。它的巨大力量想必没有人会反驳。近来法律的制定大多由它决定。内阁成员和议员们的卑微服从态度，也都是因为它。

第二种原动力也很明显，各种虐待行为都是维持内阁的武器。一家报纸曾说："瓦尔德克·卢梭内阁凭借反对教会法维持了三年。库姆斯内阁靠封闭学校、驱逐教师，也取得了相同的执政时间。鲁维埃内阁凭借教会国家分离法得以维持，希望通过把教会财产分给平民，来平息他们的愤怒情绪。"

第三种原动力的力量较强。共产主义学说使用怂恿、重复、濡染等方法，已经成为比旧信仰更为不宽容的说教。不信这种新学说的人也受他们影响，以至于不敢反对。我们现在所处的时代，和基督教刚开始传播时的情况没有区别。

各种有害的法律都是共产主义所鼓动的，比如收回西部铁路之类。再有空泛的人道主义，也是共产主义产生的。这是我们的工商业、海军、道德信仰被破坏的根本原因。最近的所得税法也源于此。虽然还处在讨论中，但表决通过是必然的。

总之，共产主义学说、虐待和恐惧心理，是政治的三大原动力。各种政治行为都以它们为根据。

我们的未来，就悬系在现在能看见的这些青年人的思想言行之上。青年们已经处在衰败的社会生活之中。他们看到传统信仰被消灭，传统社会的生活方式解体，又看到旧式的阶级、家庭、产业、国家、军队都已经碎裂，没有希望可以期待；自己虽然自信有所作为，却必然劳而无功；他们的性格将被消磨，最后不得不顺从接受虐待和暴力行为。

这种被动态度会鼓励革命党的野心。他们这些人，只想着攫夺别人辛苦劳动所得的财富。邪恶如果不被善良正义抗拒，那么将变得强大不可阻挡。中产阶级的青年们，现在还不失为精英群体，科学、工业、文学、艺术还被他们掌握着。但如果是没有性格的精英，将不能成为精英。罗马的精英在帝国统治末年也是非常杰出的，只是失去了毅力，所以不能抵抗意志强健的蛮族。如果统治阶级渐渐受人指挥，那距离末日也就不远了。

将来的斗争从表面来看，是经济的斗争，但也是观念的斗争。或者说，是由观念所引发的情感的斗争。

综合各种情感构成的民族性格，改变更加缓慢。不过，历史中也能看到民族性格发生改变的情况。法国的教育危害不小，但如果换到别的国家，可以在百年之中完成改变。德国学校的教师当然不能战胜敌人，但却可以创造出击败敌人的心理因素。改变民族的情感，就能改变历史的发展方向。

第六章 近代命运说以及命运的分析

想要预测一个时代的命运，需要研究能指导时代意志并决定其行为的主要观念。但怎样探寻这种观念呢？在群众的行为中寻找吗？不可能。因为群众只有欲望而没有思想。在著书立说发表演讲的学者中寻找吗？也不可能。这些人能给我们的，只有能诱惑读者和听众的舆论而已。

探寻一个时代的指导观念如此之难，但如果我们听一听人们最期许的师长的讲论，就不难知道大概情况了。

聆听近来学院的演说，如拉维斯和皮埃尔·洛蒂的演说，可以知道这些青年人的导师们所关注的东西。这种演说不能够给人以勉励，只是说无论怎样都不要悲观。尤其让人不能忘的是，他们勉励那些没有实际意义的信仰，表现出一种对于时事的被动接受的忍耐，还有科学不能阐明的包围我们的神秘力量。之前最富有期待的思想家们，现在似乎都被一种黑暗的命运说打败。

这种命运说不仅在教授和学院的院士中可以听到，即使当代的政治家，也表达了同样的看法。前总统卢贝说："事物中有一种不可抗拒的力量，控制着人类的意志。一种神秘理论引导着我们。"至于这种不可抗拒的力量和神秘理论的元素，后面另有论述。

在我前面所说的学院院士之中，洛蒂表示的忧虑最大。他指责创造文化进步的科学无能，指责它不能做出解释。他说："现在，我们并不知道什么；而将来，我们必定什么都不知道。真正的科学现在已经没有从前所具有的解释事物的自信。每次有人发现了某种事物的原因，就像是打破了一重铁门，踏上一条黑暗恐怖之路，进而到达一扇更恐怖、封锁更严的门。我们越前进，秘密越多，黑暗越重，惊恐情绪越增加。残留的基督教信仰还试着为我们低声辩解，安抚我们的内心。但我们明知道不是这样的。我们也自我安慰说，在不可解释的边界上，或许可以期待真理的存在。"

这位著名的著作家既不相信科学的解释能力，又不相信努力可以抵抗时事的威胁。所以他说："没有战斗能够抵抗这个破坏一切、平均一切的风潮。"

我对于这种平均主义非常怀疑，而且相反，我相信文明越进步，个人及其地位越不会相同。因为科学和工业技术的复杂，学者与平民的心理、工程师和工人的心理距离越来越远。表面上看，似乎一天比一天均衡，但人类实际上的均衡程度却一天比一天小。心理的不同，是不可改变的，无论如何激烈的暴力行为都不能抹杀。

拉维斯的悲观主张和命运说也不亚于洛蒂。他在接待潘伽烈来学院的演说中曾说："如果你相信用几个旧式的简单的原则，就能在今天的政治活动中指导人类，我可要为你担心了，我也会为我自己担心。"至于新原则，他却不曾提及。实际上是因为他不熟悉。他还说："国家和社会现在处在危险之中。民主政治最初就是出于本能、欲望、观念的骚乱。他们不知道而且也不能知道自己到底想要干什么。没有人能为将来的城市建设做出规划设计。他们被制度、法律、习惯阻碍，于是对现在的城市支柱力量进行攻击。现在一切都动摇了，似乎趋向衰微了。”

将来必然会有一天，世界各国都要在军事费用和社会费用中间进行选择。这个日子已经接近了，它将会让两种世界的人、两种不同的知识互相碰撞。那一天就是盛典。

这位预言家所说的，前人已经说过了。从古到今，各种民族如雅典、罗马、佛罗伦萨，都提出过同一个问题，也进行过相同的讨论。尤其一致的是解决的方法。蛮族的名称经常改变，但对内对外，都应该进行斗争。值得忧虑的是，维持社会秩序的人在变乱之前，总是忍受。

看看今天拉丁民族的和平派、社会党、大学生之间的相互联合，拉维斯所说的“盛典之日”或许可以出现。但是，“每一天”都会有它的“第二天”，这个“盛典之日”的“第二天”，就将是手无寸铁的民族遭受邻国入侵、劫掠的日子了。这种可悲的现实，可惜被人道主义梦想蒙蔽了。

前面所述的悲观主张的和命运说的趋势，不只出现在学院的院士之中，教育界也逐渐被影响了。那些不属于忍受派的教授，现在都已经成为蛊惑煽动暴力的人。投身于革命社会主义并成为首领的人也不少。

拉丁民族的教育家中，大多是这两种人。一种是忍受命运的人，一种是煽动骚乱的人。革命主义的力量只不过是酝酿暂时的暴乱，而命运说延续的时间非常长，也更为危险。命运是懦弱者的宗教，表面上依赖科学，所以看似可怕的怪物，但实际上没有实力。

命运说是古代遗留下来的传统，经过宗教家和神学家们不断补充而形成的。事物发展到极致，都会有一种能统治一切的至尊权威，古人把它叫作命运。没有人能违抗命运。昔日，神对俄狄浦斯说：“你会弑父，并娶自己的母亲。”俄狄浦斯虽然不相信，但仍然不能逃脱命运的摆布。

各种宗教都继承了这种传统，现在的几个新的教宗派还在崇奉宿命论。根据这个说法，上帝在最初，就已经预定了哪种人应该升入天堂，哪种人应该堕入地狱。

今天的教育考试中，又有决定论的说法，人们于是借此来与命运说进行辩论。其实决定论和命运说并不相同。决定论把某种现象解释为某种前因的当然结果。同样一个原因再次出现，那么同样的结果也将再现。在它们的相互关系中，没有控制和干涉。从前人们不明白一切自然力的错综复杂，于是奉为神明，希望用祈祷来让它改变。至于决定论，则反对控制和干涉。

命运说的定义又有所区别。决定论在我们的控制之外，而多数的命运说，在我们的意志控制之中。

我们可以听任形而上学的学者讨论自主的问题，因为这是哲学中不能解决的问题。我们只是从实用上来说命运，以证明命运是各种愚昧因素的总和。如果能分解所集合的元素，命运可以立即消除。

命运可以大体分为三种。第一种是不可避免的命运。比如，衰老、气候、星辰运行等。我们充其量只能研究它们的规律，或者进行预测，以及有时出于自我保护目的而反抗。

第二种是可以避免的命运。只要科学发展进步到一定程度，就能分解它的元素，并各个击破。那时它就会被消灭了，比如昔日夺走亿万人生命的瘟疫、饥馑之类。

第三种是人造的命运。这是我们自己所创造的，在历史之中随处可见，想要打倒它很难。因为原因已经形成，结果也应当立刻出现。想要制伏它，就应该明白，需要一种力量巨大的原因来抵制这种有一定力量的原因。伟人们之所以能摆脱命运的束缚，就在于此。

从科学在解释现象方面的能力来考察，也可以发现，从前被认为是不可解除的命运，现在已经有了可以分解和消灭的方法。40 年前，在巴黎医院截肢的病人，几天后就会死亡。又比如疟疾和黄热病，从前也被认为是一定地域的人的命运。但今天，这些命运的元素已经被分解，可能会被消灭了。自从解毒方法发明之后，截肢的人不一定死亡了。疟疾和黄热病也经人研究发现，是寄生虫侵入血液。至于侵入的方式，是被某种蚊虫叮咬。于是又发明了消除这种疾病的疫苗。刚开始只能稍微控制发病，后来又有人发现，蚊虫在沼泽或积水中滋生，于是人们把这些地带变干燥，消灭疫情的源头。古巴首都哈瓦那之前是重灾区，现在人们可以安居乐业，不再受危害，可见命运已经解除了。

鼠疫也是一样。这种疫情曾经导致 2500 万人死亡。现在我们已经知道原因是死老鼠身上的跳蚤传播细菌。还有非洲各地的疟疾，也因为科学的发展而被消除。

其他可以举的例子非常多。之前荷兰的海水泛滥成灾，现在已经努力解决了。普鲁士的波美拉尼亚沙地和勃兰登堡泥坑，现在都已经变成美丽的森林和肥沃的土地。一切能够征服自然的人，都是在与命运战斗中获胜的人，因为他们不愿意忍受困难的束缚。

上述这些分解一定自然命运的方法，也可以适用于历史命运。这种人造的命运建立在民族和政治的过去之上，有时候力量非常大，但也没离开可以分解构成元素进而消灭的规律范围。

历史中可以证明这个说法的事情不少。现以 1870 年的战争为例。如果解析这一战争心理方面的远因和近因，必定会发现，战败固然不可避免，但如果能有杰出之人，及时消除各种元素，可以不必像现在这样积重难返。

现在的心理错误和不能对未来进行预见，累积在一起，成为后世命运的根源。50 年前，由君主的近臣所造成的命运非常多。同样的错误也出现在日俄战争中。俄国人不明白日本人的心理，才导致战败。

围绕我们的人为命运非常多，比如嗜酒的危害就是一个显著例子。征兵中，有四分之一的人具有遗传的嗜酒习惯。我们对这种命运没有办法遏制。国家还担心预算入不敷出，从而鼓励这种行为。

我们人为创造的命运没有停止过，势必造成过于严重的形势，没有分解的办法。前商务部长克吕比新近著作中所举的例子可以作为证明。书中说，有权势的部长竟然不能在所管理的部门中施行改革，只能坐视混乱状态。由他公开的行政事务中的混乱状态包括，部员之间始终存在的争斗、责任的混杂、命令不统一、机关老旧无能，他竟然没有办法进行指挥。这位部长在职两年，不能做出哪怕一项有用的改革。他自己不但不明白原因，而且还说补救的方法在于用“选举改革来改变民主道德”。想要治理积弊，应该先认清情况。他实在是没认清造成这种情况的力量。

命运中结果最可怕的是被情感造成的命运。这也是人道主义成为近代法国一大危害的原因。社会基础逐渐被它侵蚀。我前面已经说明，无数酝酿着可怕的革命的法律，都是出于人道主义的原因制定的。把匪徒编入军队也是因为人道主义。优待这种匪徒，让他们在狱中所享受的安逸，比工人还优越，也是由于人道主义。

凭借着人道主义者的力量，杀人犯增加了两倍。如果没有舆论的爆发，人们竟然不能执行死刑。当人道主义者让整个民族堕落之日，就是祸患、危害积聚之时。大革命前这些人已经很多。人道主义进化到极限，只能看到被屠杀的尸体堆积在一起。鼠疫固然让人们恐惧，但更恐怖的却是人道主义者。他们不是进步的人，而是妨碍进步、消灭民族的自主行动力的人。

五

用心理学知识分解命运的功用，似乎非常明显。我曾就这一点，问过前外交部长阿诺托。据他说，政治家没必要掌握心理学知识。

政治心理不但能教人反对妨碍民族生活的命运，而且能教会人引导民众，指挥时事。大政治家如黎塞留、加富尔、俾斯麦、英王爱德华七世等，不但深谙治理之道，而且能分解历史命运的各个元素。这种杰出人才，能精确地操纵心理因素。他们了解各时代发生的宗教、社会、经济等需要的能力，区分不可避免的命运和可以避免的命运，不做无益斗争的消耗，是政治心理的要点之一。

我们当然不能消灭那些超越意志力的命运，但杰出的人能利用它，就像海航者利用风向一样。例如德国人对生产过剩和竞争，不但不反对，而且利用它创设了生产者联合会。我们不知道这种工业集中的必要性，便用法律来反对这种联合。可见德国人的聪明，而我们是多么愚昧。

如果不能利用产生于自然规律的命运，而是反抗，必定会贻害无穷。每次人为创造的命运，必定会有必要的波及和影响。我前面所举的1870年战争，现在人们大多已经忘记了，竟然连高等师范的考生都不知道有这次战争。但我们还在受到它的影响呢。即使就财政而言，我们每年还要付出4.5亿法郎。这是战争赔款的利息。这次战败引发的其他结果，则是军费的消耗。据郭色的计算，40年来共耗费530亿法郎。政治家没有远见而累及后世，还有比这更过分的吗？可见能够对未来稍有预测的政治家之可贵。不幸的是，这样的人数量太少。

自从议会主义得到扩张以来，多数政治家都认为政治仅仅是善良人的方法，不看重思想，重要的是用言辞来诱惑听众。虽然能够成功，但也难以维持长久。

大演说家们习惯把言辞当作事实，所以他们是拙劣的政治家。那些掌握了人类和客观世界知识的人，能迅速而坚决地做出决定，哪里需要华丽的辞藻呢？

所以没有远见的政治家是那些灾害性命运的创造者。英国现在增加赋税、扩张海军、抵制德国的霸权，就是因为40年前他们的政府没有远见。

英国想要平息怨恨情绪，在德法战争之后拒绝召集国际会议。否则，德国的野心是可以遏制的，也不至于发展到将来的程度。俾斯麦朝夕忧虑的地方就在于此。这位大心理学家在他的笔记中曾说，这种国际会议可以“削减战胜国的利益”。这也是他在数年之后召集柏林会议以遏止俄国人战胜土耳其的要求的原因。

拉丁民族的前途很难确定，因为他们的政治家生活在现在而不考虑将来。一种只顾目前利益的政策，通常都是拙劣的政策，必定受一切命运的拖累。政治和工业相同，只有有远见的人，才能成功。

根据最近的历史可以知道。40年前很少有人知道非洲，只有极少数探险家知道那里。一位年幼的具有远见的国王预感到亚洲即将脱离欧洲羁绊，而欧洲的将来在非洲。当时，他手中资源非常贫乏，竟然能不管人民反对，毅然在非洲大陆建设了一个帝国，逐渐扩张，以至于面积几乎达到俄国的一半。现在，那里已经成了这个国家的财富来源。让这个小国名列世界经济大强国的原因就在于此。

这本书如果能教导几个人，也算不至于徒劳无功了。我常说的，其实是平常的道理。人们稍微想想，就能得出相似的结论。那些从前要追随我们，而现在走在我们前面的民族，都很明白这个道理。他们那些有先见的人，都能说出这样的话。听美国前总统罗斯福 1910 年 4 月 24 日在巴黎大学的演说，就可以知道了。他也说明了平等观念的不合逻辑，社会主义的危害，生活中性格要比智慧有优势，以及其他各种道理。现在节录如下：

“我们不要忘了，无论智慧如何出众，无论民众如何知书识礼，都不能够代替性格中根本品性的缺乏。比如，自制力、常识、共同协作并主动负责、勇敢、坚决等，这些都是民族应该有的品性。没有这些，一个民族就不能自主发展，而且还不免于被动挨打。”

我当然佩服有智慧的人。但我敢说，最重要的，还是民族共有的品性和民众日常表现出来的德行。过去，有很多民主制共和国，但都倾覆了。至于它们倾覆的首要原因，就是用贫富来作为划分民众的界限。无论什么党派执政，无论在什么党派纲领下导致的倾覆，无论是少数专政还是民主政体，总之如果是用忠于一个阶级代替忠于国家，那么民主共和制也就走到了尽头。

这些都是我前面说过的，但也应该经常说说。只有反复言说才能影响、浸染人心。一种观念，因为正确性而让人服从的，其实很少。只有让它浸入我们的思想，才能产生作用。

第七章
社会防卫

我前面所讲的社会动荡和充满斗争的情况，在想要脱离历史，从而导致失去了心理特性的民族中表现最明显。

经由传统固定下来的习惯、信仰、公共情感、理念等，构成了民族精神。这种精神一直在引导我们民众的思想，在指挥着我们的行为。所有民族都是这样。

正是因为存在民族精神，社会才能巩固，国家的观念才能得到保护。在民族精神形成之前，民族仅仅是一盘散沙，充其量只有暂时的凝聚性，而缺乏持久的力量。民族精神如果被分解，民族就将退回野蛮的状态。罗马的灭亡正是因为失去了精神凝聚力，它的后继者需要花费数百年时间才能再次形成可以让人脱离野蛮状态的民族精神。现在，我们正处在岌岌可危的时代，能引导我们的思想行为的宗教、政治、道德信仰日渐衰微，而能够取代它们的因素尚未形成。对于一个民族来说，最可怕的事情莫过于缺失信仰。群众需要一个能创造希望的东西。

神明的具体性有时会发生改变，但不能自己消失，只会有一种新的信仰取而代之。今天，社会主义的理念有逐渐代替基督教信仰的趋势，主要原因在于，它能附着于民族的传统信仰。国家这一神明是我们从前所崇拜的天堂的小模型；社会党所宣称的天堂，是古代神话中的天堂的近亲。

自古以来，这就是民族蜕变的过程和途径。最古老的民族背负的传统力量最重，只有能让民族改头换面的信仰才能起作用，而历代遗留下来的情感不可能立刻消灭。

社会党所树立的信仰是基督教信仰的直接继承者。他们能在群众中传播，一部分理由正在于此。宗教神明不能给普通民众以希望，社会党能给予。科学的发展让人们不再迷信，社会党却能再次为人们树立幻想。

社会党理论的传播者憎恨旧的传统理论，这实在是错误的。教会、社会党、无政府主义其实是同一心理的不同分支。他们的精神都受到同一种幻想的控制，心理状态相同，所崇拜的事物相同，满足需要的方法也都相同。

如果这种新宗教的传播者能和平地传播理念，自然谈不上什么危害。可是社会党的特点是，强制其他人服从他们的相信自己能改造世界的信仰。这一点和其他的布道者是一样的。

由社会蛊惑而产生的怨恨情绪已经被这种宗教传统控制并利用，于是在工人中迅速传播开来。今天，工人的命运似乎比从前更幸运，但他们对现在的社会组织的诅咒、诋毁，却与最初基督教徒对待社会的态度无异。

社会受到的攻击一天比一天猛烈，自我保护能力一天比一天弱。所以，古代的各种社会形态都会对新的信仰表现出相同的态度。从古到今，精英们都不相信建设社会的原则可以巩固。他们一方面被传统势力挟制，另一方面又被当时的需要强迫。他们没有强健的意志，所以对一切民众运动都妥协退让。民众的情绪最容易改变，往往一点微小的事情，就能导致他们爆发激烈的情绪。

既没有一个原则性的公共基础来预防、制止民众的心理动摇，又没有明确的行动指南来引导群众的行为。统治者本应该引导群众，现在却反过来跟从群众。所以说，精英们正逐渐失去影响力，即将不再拥有以往的社会地位了。

所有集合了群众的本能需要，鼓动人们完全破坏社会的口号，都是由一群思想偏执狂热的人传播的。这些人的名称很多，或者被叫作领袖，或者被叫作传播思想的人。但实际上，虽然历经长久的世代更迭，他们的心理构成因素并没有发生变化。

这些人知识能力有限，但却非常顽固。对同一个事物反复宣讲，而且预备为这种观念取得胜利而牺牲自己的利益和生命。他们不断许诺给人们光明的天堂，所以他们对群众精神的影响力最大。因为天堂就是希望。而希望，正是人类行动的最大动力。

这些人自己醉心于梦想，从而鼓动群众，让他们也陷入迷乱的狂热之中，让他们愤怒地反对一切阻碍力量。群众的心理状态，虽然也经历了世纪之久，但也没有发生变化。人类在知识水平上可以进步，但控制着我们的情感和欲望却不曾改变。

不幸的是，传播者和传播者相斗争。可惜制造混乱的传播者多，而理性的传播者少。人们常常对错误表现出偏爱，却对冰冷的理论不太欢迎。

称赞幻想很容易，但为现实辩护却非常难。告诉工人说工厂主是盗窃犯，应该把他的工厂烧掉，人们很容易就相信了。如果想解释工厂主降低工资的原因，告诉工人说，是因为亚洲人在制造同样的货物而且物美价廉，这种话是没有人听的。

今天，世界已经被虚妄的幻想扰乱。从前那些大帝国的灭亡，都是受到我们现在认为无意识的情感信仰的影响。理性在过去就无所作为，所以也不要指望它在将来能做什么，准备接受幻想的力量就可以了。幻想逐渐渗透到群众的精神之中。一旦植根，就会长久存在。想要预测它在未来的危害，就不容易了。

前面我已经说明了，革命的暴力行为基于原始的野蛮本能。这种本能常隐伏在民族精神之中，凭借一定的哲学理论，成为新权力的根源。人们都觉得自己的行为合乎理性，而且还经常引证。其实却是反对理性的，以脱离羁勒的传统本能为引导。恐怖时代的统治代表了一种低级恶劣的本能变成权利。这是本能制伏理性的现象，而不是像著作家和历史学家所想象的那样，是理性战胜本能的现象。

这种遗传的本能的合法胜利，在历史中还属于新的现象。社会所有的存在所必需的劳动，在于用传统规则、习惯、法律来约束由原始兽性遗留给人类的本能。控制它其实很容易。一个民族控制得越好，文明程度越高；但并不能消灭它。它在一定兴奋剂例如社会主义的作用下，就会重现。

那些声势浩大的民众运动，都是非理性的结果，而且还常常是反对理性的斗争。想要用理性理论来解释由本能的理论所制造的事端，这是不了解历史的。

今天的革命运动，是为野蛮本能谋取脱离社会约束，并且消灭社会关系的反动行为。和之前的革命运动相同，许多被幻想蒙蔽的人，他们认为的进步，其实是在向低级拙劣的生存形式退化。

所有的文化中都包含强制和妨碍的因素。了解了这些之后，才能成为文明人。增强这种社会约束，民族才能脱离野蛮状态。如果这种约束变弱，社会就会恢复旧状。

只有坚持劳动，才能维持由文化所创造的社会约束力。社会衰败的原因之一，就是相信劳动无用，而放任自流。

这种无能的观念普遍流传于有见识的民众中。他们忍受社会灾害，就像从前人们忍受瘟疫一样。这种对我们衰弱原因的解释，不曾影响革命传播者。他们对成就的自信，是他们的力量的构成因素之一。

今天，劳动者的待遇已经十分优越，但那些传播者怂恿他们，说社会对他们不公平。他们于是相信，事物实际的发展取决于具有什么样的观念。近代工人的主要心理状态，已经逐渐恢复了原始本能，堕入野蛮境地。

让他们迷途知返，回归文明的任务非常艰巨。应该先告诉他们，智慧、资本和劳动各方的价值，再让他们明白，别人用来诱惑他们的新社会，其实会让劳动者更加窘迫穷苦。但现在，还有能传授这种说法的教师吗？

既缺乏这种教师，又不能依靠没思想没头脑的大学教育，以及没有势力的政府，我们的中产阶级应该向自身寻求，并且寻找自我保护的方法，就像瑞典此前反对工人罢工的斗争一样。

由瑞典政府的经验和教训，可知今天推行的罢工权，是把阻碍一国公共事务进行，并且埋下扰乱祸根的权利，给予少数闹事者，这和文化进步是完全不适应的。于是国会提出对群众进行约束的规定，并严惩导致妨害公共安全的罢工的草案，设立一个特别法庭解决争端。我们从前如果有这种法律，也不至于有种种导致衰败的罢工。

相似的运动在法国已经开始。但想要订立这种法律，需要稍微改变一下我们的心理状态。

我们的中产阶级没有决心，非常软弱。只有坚决地攻击才能有坚决的保护行为。所以索瑞尔说：“将来工厂主发现他们不能从社会事业和民主政治中有所收获，要受制于人，那时或许可以期待他们能重现旧日的意志力。他们的势力能在结成团体的工人中扩展，增强资产阶级实力，让他们能在工业斗争之中挺立。”

只有强者才能生存。处在世界发展的时代，不知道防卫，就不能生存。我们的中产阶级想要在这声势逐渐增大的斗争中获胜，应该拥有一定的美德，剔除一定的恶劣品性。有的暴发户生活奢侈无度，这就是恶行之一。工人们大多认为这种奢侈生活是建立在他们的辛苦劳动之上。这种行为容易招致怨尤，比一切社会党演说的鼓动都容易。

无论是和英国贵族相比较，还是和法国昔日的贵族相比较，我们的中产阶级衰落的速度都太快。如果没有较为下阶层的人加入，以巩固势力，中产阶层将不复存在。

旧的贵族能长久维持，是由于继承权。这种继承权不需要个体的杰出。而智慧的贵族则不然。想要长久存在，必须维持智力的优势。但这种优势不能从遗传获得。我在另一本书（《民族进化的心理规则》）中已经说明了。所谓社会的精英群体应该时常更新。因为遗传规律会把他们的后代恢复到民族的平均水平。可见自然力有时也进行均衡，但并不是社会党梦想中的平等。自然力不但不均衡同一代人，而且还会加以区分。精英们的后代恢复到平均水平，可见，天然的均衡是为了未来；而社会党所要达到的均衡是针对现在。

社会自我保护的表现，似乎不在中产阶级中的上层，而在中产阶级

的下层，比如店铺老板、零售商之类的人。他们常受到威胁，从没有进行过防卫。现在发现可以依靠的只有自己，于是谋求自卫的方法。

他们结成团体、组织联合会，而且还筹划训练民兵。得自瑞典的教训不少，应该加以勉励。

他们对现在的地位已经忍无可忍。《时报》议论说：

“商人们因为立法者和暴民政体的加价，以及政府的柔弱，以致成为工团的猎物。他们处在社会政策的统辖之下，要缴纳营业税、罚款等费用。更有社会法让他们负担加倍。

“他们的这种与日俱增的牺牲，能得到交换来的保护吗？不能。时常有可以直接行动的志愿兵进出。如果商人不服从命令，就被强力威胁。即刻会被告知要遭受驱逐，顾客也会受到惊吓。

“小商贩受到的惊扰和掠夺最严重，所以决定自卫，并计划组织民兵，以暴制暴。这是十余年来政府不作为的结果，要让受祸害的民众直接防卫。”

前述这些反对暴烈行为的自卫方式，重要性不可忽视。从中可以让我们获得几种固定原则，帮助我们在混乱之中找到方向。

这种固定原则，正是我们所缺乏的。报纸所刊载的事情，可以成为我们社会史最有益的断章，很常见。如维伦纽夫勒鲁瓦想要建设一个车站，一个议员率领群众阻止快车，就是一例。这种举动稍有不慎，就会酿成灾祸。若不是具有一种野蛮人的心理，何至于到这种程度？

如果法律普遍存在蔑视性、政府无原则，一切保证文化进步的纪律都被废弛，那么社会的倾覆将近了。今天除了实力，没有什么会被尊重。官员对于上司、水手对于船长、工人对于工厂主，态度都极其傲慢。

更不必讳言的是，旧的行政机关日渐不受尊敬，法庭不能主持公平，政府服从各党派的党员而不能保护公民、反对强暴。有时政府也能态度强硬，但只是用在那些被剥削和虐待的不能还手的老教徒身上。

一种文化被完全倾覆了，一段荣耀岁月也被消灭了。相似的现象曾经出现在大革命之后的督政府末年。一个专制者的铁腕固然能恢复秩序，但民众付出的代价可堪回首吗？我们现在又能再进行这种尝试吗？

那么，这种约束力又能求诸何处呢？统治者？不可能。立法者？更不可能。这种立法者和统治者既没有自由，又缺少尊严，只知道服从选举委员会。

潘伽烈曾说，那些在议院里极其傲慢的议员，其实是在为县选举委员会做准备。“走路时，人人都能听到他们戴着的奴隶的镣铐之声”，并准备“跪拜在可怕的神秘的神明，即各县的选举委员会面前”。

今天被选出来的立法者其实是社会的危害。他们没有主见，只知道谋划着再次当选，并且服从于群众的低劣本能。

七

处在现在的世界里，想要追求一种能指挥将来社会的道德规则是没有用的。我们应该注重现在的道德规则，并争取让它延续下去，阻止混乱局面的扩张。

足以指导民族的主要原则，如果力量非常强大，人们就都重视它，而不在于数量的多少。罗马人的宗教就是罗马人的信仰，足以维持罗马的强盛，绰绰有余。等到这个信仰变弱了，罗马也就走向衰落。

我们今天应该孜孜以求，捍卫国家观念，探索进行道德组织的方法。社会党徒知道这一观念是社会的枢纽。枢纽被破坏，社会自然随之倾覆。

附属于这个主要意思之上的，还有其他几种。尤其重要的是，一个民族没有军队，没有秩序，没有政府的尊严，没有精神上的自律，就不能生存。这种不可缺少的元素，除了革命党，没有政党会抛弃。

爱国心是维持民族威严的真正黏合剂。祖国是我们与生俱来的徽章和烙印。我们由它而生，也应该为它而生。土耳其革命的领袖之所以能聚拢人心，正是由于鼓吹爱国。他们的一个宣言里说："一切具有良心的自觉的人，都知道祖国的神圣不可侵犯。它比父母更可贵。总而言之，比世上一切都可贵。"

不幸的是，这种爱国心，昔日能创造罗马的权威，今日能促使德国兴盛，在我国，能够奉行的人却很少。在德、美等国，爱国心经由大学教育传播到知识阶层，由小学教师传播到下级平民当中。在法国，能找到相似的守护者，传播到青年和儿童中吗？这点非常让人担心。

今天，每个人都应该承担起保护社会、反对野蛮人破坏的责任。野蛮的党徒如果获胜，就会导致普遍的衰微、社会内讧和外敌入侵。所以，保护国家、抵御混乱，是每个人都不能推卸的义务。

由国家观念所引发的道德规则，完全可以成为一个民族、一个社会的武器。但它的实力轻重，取决于它影响人心的行为。如果仅仅是凭借法典达到的，那么实力必定弱小。

由此可见，能把国民聚合在一起，变得强盛，并且得到维持的因素，不是宪法，不是庞大舰队，也不是陆军部队。真正的力量，只是信仰。信仰是一种看不见的力量，是看得见的事物的创造者，是指挥人心的工具。一个民族需要经过若干世纪才能获得；而一旦失去它，就将退回到野蛮状态。

习惯、制度的衰微，是我们现在的鲜明表现。原因在于性格的懦弱。现在，懦弱的人非常多，尤以需要最迫切的精英们最为明显。上自国民要员，下至小官吏，都没有决心，非常懦弱。

而革命党人则不然，他们有强大的毅力，所以非常可怕。在强健的意志面前，所有懦弱的人都要屈服。

这些人现在还没看到危险，是因为社会还被过去的传统力量撑持着。我们的真正主人在坟墓中。我们是在用死人的专制，抵制活人的怪癖欲望。

现在能帮助我们而且具有毅力的，似乎只有死人了。但死了的人不可能一直帮助我们。过去的声威能维持，可我们还是需要现在人的扶持。

全书马上要结束了，现在总结一下。物理现象、生物现象、社会现象的规律固然不同，但都是被同类的需要限制的。

近50年来，知识界范围的扩张比以前要大。除了发明新事物，更有解释原因的理论学说出现。

近代科学放弃了对宇宙唯一的固定元素的研究，一切学说都在逐渐被消灭。即使是物质说，也失去了它的永恒性和不朽性。今天，确定性被不确定性代替，绝对静止被势力均衡的动态静止代替。事物的物质原理，已经退到不可知的无穷世界里。现在可以认识的，只有现象之间的关系。潘伽烈曾就经验的总和下结论说："在我们所处的相对世界中，对任何一个物体下绝对定论，都是虚妄之言。"

今天，科学已经放弃了那些过于简单的解释，用无数积聚在一起的小原因代替总规律。根据科学的教训，物理界、生物界和社会界都是最小的个体事业。这种个体，孤立则没有力量。但如果联合起来，力量非常强大。陆地的出现、植物萌芽、维持生活，都从最微小起步。文明的进化也是由于综合了个体民众的力量。

科学不但证明了现象的发展有众多复杂的原因，而且还证明了所有个体，如物理的元素、生物的细胞、人类的个人，如果没有一个力量来激发、引导，那么就没有功效可言。所以，在物理、生物、社会各个范围内，确定发展方向的力量不可或缺。一旦不受这个力量影响，个体就成了没用的散沙。生物的主导力量就是生活，停止了，也就死亡了。社会的根本规律也一样。

人类范围内的引导力量，就是信仰、观念等因素。这种力量只会继续而不会消失。名称会变化，但本质却一直存在。历史各时期所需要用来确定方向的工具，或者是信仰，或者是刀剑武器，或者是科学技术，或者是理想观念。社会一旦失去引导力量，就会灭亡。

统治者引领民族的任务，和学者们运用现象进行研究一样。政治家们对于客观力量，能利用但不能创造，但可以利用反作用力来与它抗衡。

人类所用的各种力量之中，可借以制胜的，常是意志力。它是具有至尊权威的神明。能让学术在虚空的世界里生发出奇异的光彩，都是意志力的作用。

从历史上进行考证，一个民族能够昌隆繁盛，就像一个学者顽强地要求宇宙赋予他秘密一样，都是有强健的意志力做基础。

如果再考察某个民族衰微的原因，比如罗马曾经是世界的主人，最终却被蛮族覆灭，原因大体上就是意志力的薄弱。

这就是个人和民族的主要品性。教育的根本目的在于强健人的意志，而不是让人变得懦弱。意志强健的人从不会失望。意志是创造事物的源泉。

近代史告诉我们，某国家民族强盛、某国家民族停滞不前、某国家民族衰微，原因在于他们所具有的意志力不同。所以，统治世界的力量，不是命运，而是人的意志。